Madres, críen hijas satisfechas con su imagen

DANNAH GRESH

D1604122

EDITORIAL
PORTAVOZ

Título del original: *Raising Body-Confident Daughters,* © 2015 por Dannah Gresh y publicado por Harvest House Publishers, Eugene, Oregon 97402. Traducido con permiso.

Edición en castellano: *Madres, críen hijas satisfechas con su imagen,* © 2017 por Editorial Portavoz, filial de Kregel, Inc., Grand Rapids, Michigan 49505. Todos los derechos reservados.

Traducción: Loida Viegas
Diseño de portada: Dogo Creativo

EDITORIAL PORTAVOZ
2450 Oak Industrial Drive NE
Grand Rapids, Michigan 49505 USA
Visítenos en: www.portavoz.com

ISBN 978-0-8254-5691-6 (rústica)
ISBN 978-0-8254-6564-2 (Kindle)
ISBN 978-0-8254-8725-5 (epub)

1 2 3 4 5 edición / año 26 25 24 23 22 21   20 19 18 17

Impreso en los Estados Unidos de América
Printed in the United States of America

A Cheryl y Rebecca:
Las amo a las dos.

*Crezcan en la gracia y en el conocimiento
de nuestro Señor y Salvador Jesucristo.*
2 PEDRO 3:18 (NVI)

Un gran abrazo…

A las más de doscientas mil mamás e hijas que han asistido a los eventos de Secret Keeper Girl[1] y a los centenares de miles que han usado uno de nuestros recursos impresos para estar más cerca unas de otras, y de Dios. Me ha encantado conocerlas a través de Facebook, Twitter y de mi blog secretkeepergirl.com. ¡Las amo a todas! Cada vez que asisten a uno de mis eventos o usan uno de mis libros para acercarse más a su hija, en realidad están a mi lado afirmando que la instrucción de Dios sobre la feminidad importa. ¡Gracias!

A Harvest House Publishers por asociarse con nosotros y fomentar el emocionante crecimiento de Secret Keeper Girl. Esta editorial está construida literalmente sobre la Palabra de Dios. En los cimientos del edificio se halla enterrado un ejemplar de la Biblia para recordarles lo que importa de verdad. Y esto es importante para mí. Siento un agradecimiento especial hacia Terry Glaspey por dirigir nuestra nueva colaboración con Harvest House y por reunirse con nosotros, de vez en cuando, en Nueva York o en mi pequeña granja para hablar de arte, de libros y de musicales. Bob Hawkins Jr., LaRae Weikert y Barb Sherrill han sido indispensables a la hora de dilucidar cómo suplir las necesidades de todas esas chicas de Secret Keeper Girl. Paul Gossard pone los puntos sobre las íes y hace los retoques necesarios en estos libros; nos facilita, asimismo, hojas de cálculo ocasionales que calman mis nervios cuando amenazan las fechas límites. Gene Skinner se incorporó a

---

1. N. T.: Secret Keeper Girl (SKG), ministerio cristiano evangélico dirigido a las niñas de 8 a 12 años, que publica libros, devocionales y es anfitrión de viajes y giras. El grupo cree en la pureza y el recato cristiano: las mujeres tienen que guardar sus "secretos" (su cuerpo) para su marido en el matrimonio. Para realizarlo, fomentan el amor a Jesús, la proximidad con sus madres y vestir de forma recatada.

este proyecto para ayudarle, y he disfrutado trabajando con él. En realidad, todo el equipo está siempre a mano para alentar, dirigir y hacer que todo sea posible. ¡Un fuerte abrazo para ellos!

A Suzy Weibel, por estar a mi lado como mi mejor amiga y compañera de ministerio. Varios párrafos de este libro nacieron en un libro suyo, ¡pero las aproveché (con su permiso) para el mío! Yo quería usar su buen material, así que lo encontrarás aquí. Suzy nunca se queja cuando elaboramos estrategias de este tipo y cambiamos las cosas… ella confía en Jesús y en mí. ¡Qué buena amiga!

A Eileen King, por allanarme el camino. Ella crea la tierra fértil del tiempo al ocuparse de muchas cosas para que yo pueda salir de la oficina y escribir hasta dolerme los dedos. Estoy segura de que los suyos también están doloridos. Este libro surgió de su corazón tanto como del mío.

En medio de este asunto de los abrazos, me siento enormemente agradecida a Bob, objeto de mi apretón principal. Secret Keeper Girl fue idea suya y ha combinado su faceta de visionario fiel con el cargo de director general. Bob ha utilizado su ingenio administrativo y su paciencia para dirigirnos durante diez maravillosos años en la labor de acercar a madres e hijas entre sí y a Dios.

Sobre todo, gracias a Jesús, con quien anhelo estar cada día. ¡Ojalá mi cuerpo pueda ser un sacrificio vivo para Él!

Dannah

Contenido

1

Por qué necesita tu hija estar satisfecha con su imagen

Conocí a la dulce Juanita cuando ella tenía unos ocho años, pero había visto su fotografía mucho antes. Fue modelo preadolescente para la carátula de un CD de música. Aparecía en primer plano, con los ojos cerrados en actitud de adoración y la cabeza levantada hacia el cielo, con una sonrisa de satisfacción. Su piel estaba limpia, libre de maquillaje, polvos o brillo labial. A diferencia de un mundo artificial con imágenes perfectas, su belleza no procedía de la perfección externa sino de algo interno.

Pero no era más que una foto, ¿verdad?

No.

A la verdadera Juanita, atlética y casi siempre vestida con unos shorts de baloncesto y una camiseta, no le importaba su atuendo; ella *siempre* tenía esa expresión en su rostro. Paz contagiosa. Su hermosura salía de muy adentro.

Imagina mi absoluto desconcierto cuando, varios años después de verla por primera vez, me enteré de algo que podría haber limitado su rebosante confianza en sí misma. Juanita había perdido la mayoría de los dedos de su mano izquierda. Lo noté el día que vino a la escuela con el brazo enyesado por una fractura reciente. Me quedé estupefacta; se me escapó un pequeño grito ahogado y pregunté si tenía la mano hinchada, pensando que tal vez por eso sus dedos parecían más cortos. Pero, sencillamente, ¡le faltaban esos dedos! No me había dado cuenta antes. Y lo más importante es que ella tampoco parecía verlo. Escribía a mano o en su teclado, jugaba al baloncesto y cocinaba… y todo ello con una discapacidad importante, pero también con una exquisita belleza natural y una confianza total. Hoy es una joven que desempeña su primer trabajo como maestra. Sigue sin usar apenas maquillaje y sin preocuparse por cómo vestir, pero con la misma imagen imponente de siempre.

La compararemos a una joven a la que llamaremos Julia. También vi su fotografía antes de conocerla. Sus rasgos eran impecables: nariz perfecta, labios carnosos, preciosos y profundos ojos marrones, y piel morena. Sin embargo, su rostro carecía de sonrisa y reflejaba una mirada vacía que escondía su belleza. Recuerdo haberme preguntado qué podría entristecerla tanto como para producir tan angustiada mirada.

Cuando la conocí, siendo preadolescente, toda ella respiraba temor, pero se disminuía un poco cuando iba de compras. De vez en cuando, una sonrisa o una risita cruzaban a hurtadillas por su rostro, pero su expresión era principalmente ese estado de belleza acongojada. Comprar ropa parecía hacerla olvidar sus inseguridades. Experimentar con el maquillaje fue divertido al principio, pero luego se convirtió en algo *necesario*. Su obsesión por las marcas exclusivas la llevaron a un problema de despilfarro. Tengo fuertes sospechas de que sufrió algún trastorno alimentario durante su adolescencia. Hoy es el esqueleto de una joven sin propósito en la vida. Se maquilla tanto que termina pareciendo un payaso; se siente literalmente avergonzada si no viste ropa de marca; y no puede mirarse al espejo cada día sin llorar.

¿Cuál es la diferencia entre Juanita y Julia? La primera está segura de su imagen y la segunda está obsesionada con su cuerpo.

Quizás hayas escogido este libro para ayudar a tu hija a ser más como Juanita y menos como Julia. ¿Luchará tu hija con un desorden alimentario o usará la comida como carburante? ¿Hará ejercicio para poder llevar una talla esquelética o para fortalecerse para el llamado de su vida? ¿Se mirará al espejo sintiendo desprecio por sí misma o confianza en sí misma? Son inquietudes razonables para una madre que cría a una hija en una sociedad tan obsesionada por el físico, y son las mejores razones para enseñarle a sentirse segura con su imagen.

¿Qué es la preocupación por la imagen?

La preocupación por la imagen es un estado de constante consciencia del cuerpo, tanto de otras personas como de uno mismo, pero sobre todo de uno mismo. Puede incluir la obsesión por la ropa y el maquillaje, una vigilancia ininterrumpida del aspecto de otros o de uno mismo, profunda vergüenza por el cuerpo, sexualización de uno mismo o de los demás, y una preocupación constante por tu aspecto. (¿No puedes pasar por delante de un espejo sin mirarte? ¡Podrías tener problemas de preocupación por tu imagen! No temas, amiga. En este libro buscaremos soluciones para nuestros propios problemas).

Nuestra sociedad idolatra el cuerpo. Todo gira en torno a cómo nos vemos y quién es hermosa. Claro está que la paleta de maquillaje, las marcas de diseñadores y un poco de la magia del Photoshop determinan a menudo la hermosura. Cuando consideramos los mensajes que esta plaga transmite, descubrimos que están motivados por otro ídolo: el dinero. Hay personas que pueden enriquecerse de crear una sociedad en la que el aspecto importa más que cualquier otra cosa. Si los fabricantes, los minoristas y los vendedores empiezan pronto, tendrán clientes de toda la vida. Por esta razón, nuestras hijas están en peligro, *¡ahora!*

En los últimos diez años, los fabricantes han lanzado al mercado desde tangas llamados Bomboncito a sujetadores de biquini con relleno para niñas de ocho a doce años. Recientemente, las ventas de rímels y delineadores de ojos se han duplicado. (¡Que alguien me diga por qué necesitan las niñas pequeñas tales productos!). En mi opinión, las cristianas tienen que permanecer positivas y, cuando sea posible, evitar el boicot; sin embargo, he ayudado a las madres a enfrentarse con suavidad, pero con resolución, a los fabricantes que venden productos que obligan a nuestras hijas a crecer con demasiada rapidez.

Lamentablemente, estas cosas solo inquietan a una diminuta minoría de madres.

Las niñas de entre ocho y doce años gastan hoy alrededor de quinientos millones de dólares al año, solo en productos de belleza.[1] Y mientras las madres les permitan a sus hijas seguir gastando, los comerciantes seguirán teniendo a este grupo de edad como objetivo de sus campañas publicitarias. *Todo es asunto de dinero.* En una ocasión, cuando yo pedía a gritos y en público que se tomara consciencia de esto, me entrevistó la revista *Women's Wear Daily*, la más importante de la industria de la moda. En esa época, yo dirigía a unas veinticinco mil madres preocupadas que habían seleccionado recientemente a tres minoristas que sí proporcionaban ropa y productos para nuestras hijas, acordes con su edad. Decidimos dedicar tiempo y dinero, y comprar hasta no poder más en un esfuerzo por mostrar nuestro agradecimiento a esos establecimientos. (Fue un boicot a la inversa. Estábamos enviando un mensaje positivo). Los medios informativos cubrieron nuestro acto, y me sentí entusiasmada.

Tras varias llamadas telefónicas sin éxito, uno de los miembros de mi equipo le preguntó a un reportero: "¿Qué se necesita para que la industria se interese por lo que les está haciendo a nuestras hijas?".

Este respondió: "Sus hijas no les importan. Para ellos todo es asunto de dinero. Usted no debería tomárselo de forma tan personal. No es más que un tema financiero".

Yo me lo tomo como algo personal. ¡Y tú también deberías hacerlo, porque hay mucho en juego!

---

1. Deborah Swaney, "Fast Times: When did 7 become the new 16?", *Family Circle*, 29 de noviembre, 2008, p. 48.

Los riesgos de preocuparse en exceso por la imagen

Un estudio de dos años sobre la sexualización de las niñas (tema que huele a excesiva preocupación por la imagen), realizado por un grupo de trabajo de la Asociación Estadounidense de Psicología, reveló que los productos y el mercado dirigidos a las preadolescentes están vinculados a los desórdenes alimentarios, la baja autoestima, la depresión y una temprana actividad sexual.[2] (En otras palabras, crean excesiva preocupación por la imagen). ¿No es irónico que en lugar de hacer que estas niñas se sientan bien con su imagen, todos esos productos de "belleza" hagan que nuestras hijas —y a veces hasta nosotras— se sientan gordas y carentes de atractivo? Preocuparse en exceso por su imagen no le hará ningún bien a tu hija. A continuación, los dos grandes riesgos de vivir obsesionados con el aspecto.

La preocupación excesiva por la imagen hace que la persona sea consciente hasta un extremo de cada defecto, lunar o divergencia de las normas de belleza de los medios de comunicación. Esta consciencia influye en la forma de tu hija de cuidarse y puede ser letal. Considera, por ejemplo, la manera de pensar de las preadolescentes respecto a la comida.

....

> En el 2006, *Good Housekeeping* informó que el 80% de las niñas de 10 años de edad han seguido una dieta y que el 34% de las niñas preadolescentes reconocieron que han reducido la cantidad que comen sin decir nada a su madre.[3] El *Washington Post* lamentaba el creciente número de pacientes cada vez más jóvenes en las clínicas alrededor de la nación donde se tratan los desórdenes alimentarios. "'Hace una década, los pacientes del Children's National Medical Center, que padecían trastornos alimentarios, tenían alrededor de los

---

2. Eileen L. Zurbriggen et al., *Report of the APA Task Force on the Sexualization of Girls*, www.apa.org/pi/women/programs/girls/report-full.pdf.

3. *Good Housekeeping*, 1 de agosto, 2006.

15 años', declara Adelaide Robb, directora de la unidad de psiquiatría para pacientes hospitalizados. 'Hoy nos llegan niños con solo 5 o 6 años'".[4]

La baja autoestima, la depresión y un comienzo sexual temprano —todo ello relacionado con lo que nuestras niñas creen sobre su cuerpo y su belleza— son grandes riesgos cuando nuestras hijas caen víctima de la preocupación excesiva por la imagen. Antes de que nos demos cuenta, la obsesión por un diente torcido o por un grano se convierte en un desorden de cortarse a sí mismas (*cutting*) o hace que esas chicas, que antes reían por todo, caigan en una profunda depresión. ¡Esto tiene que acabar!

La preocupación excesiva por el cuerpo resulta en algo más dañino aún: el enfoque extremo de tu hija en el cuerpo a expensas del espíritu. Entre los ocho y los diez años, las niñas deberían aprender a distinguir lo bueno de lo malo y no a complementar un atuendo con accesorios o usar rímel. Deberían aprender a vivir una vida emocional, mental y espiritual saludable, y no perderse en el drama preadolescente de las citas y los concursos no oficiales de belleza en la escuela. Si caen presa de las normas de la sociedad en cuanto a la imagen, se centrarán en exceso en su hermosura externa y no prestarán atención suficiente a su espíritu.

Considera esto: la persona promedio (es decir, normal), entre los nueve y los diecisiete años, alcanza un nivel tan alto en la escala de la ansiedad como los niños que ingresaron en clínicas psicológicas por graves trastornos en la década de 1950. Sencillamente, no hemos cuidado el espíritu de nuestros hijos ni les hemos enseñado a cuidarlo ellos mismos. (¡Mientras tanto, su ropa de marca luce perfecta!)

---

4. Stacy Weiner, "Goodbye to Girlhood," special to *Washington Post*, 20 de febrero, 2007, www.oneangrygirl.net/goodbyetogirlhood.html. Este párrafo es de mi libro *Six Ways to Keep the "Little" in Your Girl* (Eugene: Harvest House, 2010), p. 32. (*Seis maneras de conservar "la pequeña" que hay en tu hija*, Centros de Literatura Cristiana).

¿Qué es la satisfacción con la imagen?

Es hora de pulsar el botón de reinicio, ¡pero cuidado al hacerlo! No es que el cuerpo de tu hija sea algo malo. De hecho, su cuerpo valioso pero temporal alberga su espíritu eterno, y si tiene una relación con Jesucristo, es el templo de Dios. Su cuerpo es bueno y útil, y esto nos lleva a la definición de la satisfacción con la imagen.

Satisfacción con la imagen es ser consciente del propósito de tu cuerpo y tener la capacidad de depender del mismo para cumplir el plan de Dios para tu vida sin obsesionarte ni ir al otro extremo y preocuparte demasiado poco. Cuando nuestros pensamientos sobre nuestro cuerpo se basan en los propósitos de Dios, centramos nuestro amor en Él en vez de en nosotras mismas. Y cuando hacemos eso, podemos entender el gran valor de nuestro cuerpo sin obsesionarnos con este.

He aquí la clave: cuando le enseñas a tu hija a cuidar de su cuerpo y sentirse satisfecha con el mismo, enfatiza el cuidado de su espíritu y muéstrale cómo esforzarse en la piedad. Por supuesto, no podemos darle aquello que no tenemos. Este libro te proporciona lo necesario para apartar a tu hija de la preocupación excesiva por su cuerpo y encaminarla hacia la satisfacción con su imagen. No obstante, debo advertirte que, primero, tú y yo debemos desechar la más mínima partícula de preocupación excesiva por nuestro propio cuerpo y aprender a vestir la belleza que viene de sentirnos satisfechas con nuestra propia imagen.

Confía en mí, ¡te va a gustar lo que se siente!

> Porque el ejercicio corporal para poco es provechoso, pero la piedad para todo aprovecha, pues tiene promesa de esta vida presente, y de la venidera (1 Timoteo 4:8).

2

Empecemos por ti

¿Cómo te sientes hoy respecto a *tu* cuerpo?

Ya te avisé que nos ocuparíamos también de ti. Lo cierto es que tu forma de ver tu cuerpo influye en cómo tu hija vea el suyo. He aconsejado una y otra vez a adolescentes o muchachas en edad universitaria, que comprendieron que su autodesprecio empezó al ver la insatisfacción de su madre consigo misma. En contraste, una reciente campaña de Dove reveló que las muchachas se sienten seguras de su imagen cuando sus madres también lo están con la suya. Por ejemplo: una madre confesó que no le gustaba la forma y el tamaño de sus piernas, pero que escogía centrarse en lo fuertes y útiles que eran para correr y no en los pensamientos negativos que a veces la asediaban. Sin saber lo que su madre había respondido a los entrevistadores, su hija señaló que le gustaban sus piernas "porque son buenas para correr".[1]

Permíteme, pues, preguntarte de nuevo cómo te sientes hoy respecto a *tu* cuerpo.

¿Es fuerte, útil y de buena presencia?

¿El mío? Fuerte y útil, sí. ¿Pero de buena presencia? Ejem… depende de lo que se entienda por "presencia". Sinceramente, hace

---

1. www.youtube.com/watch?v=Pqknd1ohhT4.

días que estoy encerrada en un hotel escribiendo este libro para ti, y creo que asusté al repartidor de pizzas que llamó a la puerta hace un momento. Estoy casi segura de que debería darme una ducha antes de permitir que el resto del mundo me vea. Pero fíjate que esta mañana me ocupé de mi cuerpo para enfrentarme a lo que Dios diseñó para mí, hoy y ahora. Tras un largo fin de semana de ministerio, tuve que obligarme a someterme en esta mañana de lunes. A pesar de que no me apetecía hacer nada hoy, me calcé rápidamente las zapatillas de correr y salí a correr un poco y, al volver, hice algo de Pilates. Como carburante mañanero escogí unos huevos con pan tostado y una buena dosis de café, y ahora estoy comiendo una pizza para almorzar, porque ya he quemado las calorías. (Para la cena creo que tomaré algo de proteína y ver-duras). Me siento *muy bien* con mi cuerpo hoy y con el modo en que se lo presenté a Dios esta mañana para que fuera útil, aunque no sea mi mejor día respecto al aspecto, aquí sentada con mi ropa de ejercicio.

¿Qué me dices de ti? ¿Te sientes bien contigo misma hoy? ¿Te ocupaste de tu cuerpo y se lo presentaste a Dios para que lo usara? ¿O tal vez te sientas confundida acerca de cómo sentirte satisfecha y segura con tu cuerpo, por no hablar de cómo criar a tu hija para que se sienta satisfecha y segura con el suyo?

Empecemos por el principio, ¿de acuerdo? ¡Para sentirte segura del propósito de tu cuerpo tienes que saber primero cuál es ese propósito!

Soy mujer

Soy mujer.

Lo sé, porque tengo senos y ovarios. (Sí, acabo de escribirlo en un buen libro cristiano. Después de todo, este es un libro sobre nuestro cuerpo). Soy portadora de cromosomas XX. Puedo pro-ducir óvulos u ovocitos, *gametos* femeninos si quieres que nos pongamos científicas. Estas características y otras me convierten en una mujer. Son algunos de los factores que usamos para deter-minar nuestro sexo biológico.

Esto fue ampliamente indiscutible hasta 1955, cuando la introducción de una sencilla palabra empezó a sacudir los cimientos de la masculinidad y la feminidad, y nos llevó a los terremotos en los que nos encontramos hoy, mientras intentamos dilucidar qué somos.

¿Cuál fue esa palabra? "Género".

El sexólogo John Money introdujo el término "género" para distinguir entre el sexo biológico y la forma en que las personas prefieren representar su papel en el mismo. Este concepto no se puso de moda hasta la década de 1970, cuando el movimiento feminista se aferró a este término, en sus esfuerzos por romper la diferenciación entre la masculinidad y la feminidad.

Han pasado muchas cosas desde entonces. En algún punto del camino hemos añadido el vocablo "preferencia" y, ahora, lo que está de moda es hablar de "preferencia de género" y no "sexo biológico". Facebook ofrece al menos cincuenta y seis opciones por si no te sientes hombre o mujer. Entre ellas…

- "transgénero": para los que sientan que su género no coincide con lo que sugieren sus genitales.
- "género fluido": en el caso de que te identifiques a veces con ser mujer y en ocasiones con ser hombre.
- "hombre a mujer/HAM": lo que indica un cambio de sexo en la práctica.

Y puedes añadir una sugerencia si ninguna de las cincuenta y seis opciones encaja con tu preferencia. Por favor, no escribas a Facebook quejándote. Mi idea no es boicotear a nadie, sino reconocer que hemos perdido nuestro estándar de verdad. Se está borrando. Y con él hemos perdido la satisfacción con nuestra imagen, porque ya no entendemos cuál es el propósito de nuestro cuerpo ni podemos ajustar nuestra forma de vivir a ese propósito.

Una portada reciente de la revista *Time* mostraba la imagen de una mujer impresionante. Solo que no era una mujer. Se trataba de un hombre que viste y actúa como si su cerebro fuera de mujer.

Es lo que él cree. Y esta revista, a menudo liberal, lo presenta como la cara pública heroica del movimiento transgénero, porque consiguió un puesto en un destacado programa de televisión... como mujer. Lo curioso es que, hasta el escritor liberal lucha por entender la situación y cuestiona si no debería haber una manera más exacta de definir el género.[2]

Ni por un segundo pienses que esta batalla se relega a los lectores de revistas como *Time*. Suecia, país a la vanguardia de la reforma de los géneros, pronostica lo que nos espera. En los años recientes, las escuelas suecas de preescolar han escogido usar el pronombre neutro de género "hen", en lugar de los pronombres personales tradicionales.[3] Esta situación la enfrentarán nuestros hijos más pequeños, estén emocional y mentalmente preparados para ello o no.

Lo sé, lo sé.

Esto parece más de lo que esperabas en un libro que pretende ayudarte a criar una hija satisfecha con su imagen. Escogiste este manual para obtener una asistencia práctica a la hora de hablar con tu hija sobre lavarse el pelo y la llegada de su menstruación.

¿Pero cómo podemos hablar de su cuerpo sin reconocer primero un fundamento de verdad? Prometo llegar a la parte práctica y te aseguro que te divertirás más que nunca escarbando en la Palabra de Dios. Pero *también* te pido que me permitas ayudarte a establecer en tu preciosa hija un cimiento para la feminidad, a la vez que nos divertimos con ella y le enseñamos a hacer cosas prácticas. Sin embargo, nos guste o no, el punto de partida es *tu* corazón.

La masculinidad y la feminidad son temas de las conversaciones más críticas que se mantienen en la iglesia y en nuestra cultura

2. Katy Steinmetz, "The Transgender Tipping Point", *Time*, 29 de mayo, 2014, time.com/135480/transgender-tipping-point/.

3. John Tagliabue, "Swedish School's Big Lesson Begins with Dropping Personal Pronouns", *New York Times*, 13 de noviembre, 2012, www.nytimes.com/2012/11/14/world/europe/swedish-schoolde-emphasizes-gender-lines.html?pagewanted=all&_r=0.

actual. Necesitas saber cómo participar en el diálogo y sobrevivir, y no puedes hacerlo si no estás segura de tu propio cuerpo, de su propósito y de las prácticas a las que Dios te llama como mujer. Estos temas son clave para experimentar la seguridad y sentirte satisfecha con tu imagen. Y no podrás enseñarle estas cosas a tu hija a menos que tú las tengas claras. Así que, empezaremos hablando primero de *ti*. (Te lo advertí).

Dios *escogió* que fueras mujer.

A pesar de los dolores mensuales que tanto te desagradan... Independientemente de la barrera invisible con la que te topaste en tu profesión... Sin importar la confusión a la que puedas haberte enfrentado como mujer... Dios eligió esto para ti. (No me refiero a los dolores, la barrera invisible ni la confusión. Todo esto es el resultado de la caída y no el diseño de Dios). Para soportar con gozo las dificultades y contribuir con elegancia al diálogo público necesitas entender profundamente por qué creó Dios la masculinidad y la feminidad; por qué tú cuerpo es como es. Vamos a desglosarlo, pues, en tres declaraciones simples que nos proporcionan una teología sólida del cuerpo, que será el fundamento para el resto de este libro.

Tu propósito principal es glorificar a Dios. Dios te hizo para Él y ha protegido celosamente su tesoro al sacrificar a su Hijo. Ese sacrificio nos motiva a glorificarle y, no te equivoques, necesitamos nuestro cuerpo para hacerlo.

> Fueron comprados por un precio. Por tanto, honren con su cuerpo a Dios (1 Corintios 6:20, NVI).

Si tu corazón está sediento, confuso y agotado por la religión, lo más probable es que no hayas descubierto el poder de esta verdad sobre las que se asientan todas las demás. Al rendirte a Él y dejar que Él sea el centro cegador de tu propósito, te dejarás llevar por Él y te infundirá verdadero gozo. Quizás se exprese mejor en esta famosa cita de la Confesión de Fe de Westminster.

> El fin principal del hombre es el de glorificar a Dios, y
> gozar de Él para siempre.

Es un fin principal: glorificar y gozar. La rendición y la tarea, a veces difícil, de glorificarle con tu cuerpo van ligadas al tesoro de un estado de disfrute. Es imposible separarlos. No he oído una forma mejor de manifestarlo que la del pastor John Piper en su libro *Sed de Dios,* cuando se autodenomina cristiano hedonista. Experimentarás el mayor placer de tu vida cuando, por fin, descubras cómo encaja la pieza de tu propósito en la gran imagen panorámica del rompecabezas del plan de Dios. Cuando llegues a saberlo en lo más íntimo de tu ser, encontrarás el verdadero placer.

¿Pero qué significa realmente glorificarle con tu cuerpo?

Glorificar a Dios es darle a conocer y hacerle visible. Este es nuestro principal propósito.

Tu práctica principal debe ser parecerte a Él, y lo hacemos mejor en los roles que Él definió: la masculinidad y la feminidad. Encontramos esta verdad firmemente plantada en Génesis. El pináculo del diseño de Dios fue crear la humanidad: Adán y Eva: un hombre, una mujer. Eran algo más que una creación única. Eran una representación.

> Entonces dijo Dios: Hagamos al hombre a nuestra ima-
> gen, conforme a nuestra semejanza… Y creó Dios al
> hombre a su imagen, a imagen de Dios lo creó; varón
> y hembra los creó (Génesis 1:26-27).

¡La humanidad posee muchas cualidades semejantes a Dios! ¿Por qué no menciona Dios las características de ser inteligente, reverencial o creativa cuando afirma que somos creados a su imagen? ¿Por qué no elogia nuestra aptitud en el lenguaje o nuestra capacidad de componer sonetos? Al parecer, nada de esto es lo que nos hace más semejantes a Dios. Más bien son nuestra masculinidad y nuestra feminidad. Esto sitúa la humanidad y la sexualidad auténticas en el contexto del rol distintivo masculino y femenino. Que nos parezcamos a Él nos exige que aceptemos esas diferencias en lugar de borrarlas.

Romanos 1 nos enseña que no respetar las definiciones divinas de masculinidad y feminidad es una negación rebelde a glorificarle y un intento de ocultar quién es Él y *de quién* somos. El pastor John Piper lo explica de esta manera:

La naturaleza divina de Dios se revela en el universo físico y material. Tanto es así que el versículo 20 afirma: "de modo que no tienen excusa" cuando "cambia[n] la gloria de Dios incorruptible en semejanza de imagen de hombre corruptible" (v. 23) o cuando "cambia[n] la verdad de Dios por la mentira, honrando y dando culto a las criaturas antes que al Creador" (v. 25).

Pablo está diciendo que el universo material y físico revela la verdadera naturaleza de Dios, y que su designio para los seres humanos es que le adoren.

A continuación, Pablo establece el paralelo con la sexualidad humana. Así como la naturaleza física revela la verdad sobre Dios, la naturaleza física revela la verdad sobre la identidad sexual. *A quién* debemos adorar y *quiénes somos sexualmente* no queda abierto a nuestras preferencias. La revelación de Dios en la naturaleza determina ambas cosas…

El paralelo de Pablo es este: Por una parte, la cosmología está diseñada por Dios para revelar la verdad sobre *su* identidad (poderoso y divino); por la otra, la biología (anatomía) está diseñada por Dios para revelar la verdad sobre *nuestra* identidad (como varón y hembra). Esta verdad es tan clara —afirma el apóstol— que no "[tenemos] excusa" si no lo vemos y si no estamos de acuerdo con ello.[4]

Por tanto, nuestro cuerpo debe ser un sacrificio vivo a Dios. En Romanos 12, Pablo ora para que ofrezcamos los planes que tenemos para nuestro cuerpo y que los convirtamos en nuestro sacrificio diario y vivo; así podremos cumplir nuestro propósito de glorificar a Dios. Esto incluye nuestra forma de trabajar, vivir, dar, gastar y hasta con quién practiquemos el sexo, independientemente la "preferencia de género" que pueda tentarnos.

> Por lo tanto, hermanos, tomando en cuenta la misericordia de Dios, les ruego que cada uno de ustedes, en adoración espiritual, ofrezca su cuerpo como sacrificio vivo, santo y agradable a Dios. No se amolden al mundo actual, sino sean transformados mediante la renovación de su mente. Así podrán comprobar cuál es la voluntad de Dios, buena, agradable y perfecta (Romanos 12:13; NVI).

¿Por qué Dios te hizo mujer?

Porque fuiste creada para contribuir al propósito de la humanidad de glorificar a Dios y disfrutar de Él, y Dios te escogió para que lo hicieras como mujer. Tú iluminas la identidad de Dios cuando aceptas el papel de la mujer, porque es en las distinciones del varón y la hembra que somos su imagen. A veces esto significará un sacrificio para ti.

¿Te entregarás (como hizo Cristo), renovarás tu mente y te convertirás en una mujer de Dios con discernimiento para que tu cuerpo pueda ser un hermoso sacrificio vivo?

Si todavía no has llegado a ese punto, no pasa nada. Desde

---

4. John Piper, "Genitalia Are Not Destiny—but Are They Design?", 2 de junio, 2014, www.desiringgod.org/blog/posts/genitalia-are-not-destiny-but-are-they-design.

luego, yo no empecé con el estado de mente que encontramos en la primera parte de este capítulo. En mis primeros años como madre no permitía que mi esposo me viera sin maquillaje, por no hablar del repartidor de pizzas. Estaba segura de estar gorda (aunque pesaba quince kilos menos que ahora) y era propensa a enojarme por las oportunidades que recibían los hombres a expensas de las mujeres. Mi teología de mi propio cuerpo era poco sólida y tenía problemas de belleza que podrían haber servido para hacer una serie dramática de telerrealidad.

No me convertí de la noche a la mañana en lo que soy hoy: una mujer fuerte y segura que enseña a otras mujeres a criar hijas puras y recatadas. De hecho, mi ministerio a adolescentes, preadolescentes y sus madres nació del aguijón de mi propia vida de preocupación extrema por mi imagen. A la temprana edad de quince años entregué el regalo que Dios quería que guardara para mi esposo, y lo hice solo para ser aceptada y sentirme bella. ¡Cuánto sufrí por ello! Pero en este secreto fue donde experimenté la mayor profundidad del amor y la sanidad de Dios, y donde entré a un hondo entendimiento del propósito de mi cuerpo. Cada vez que ayudo a una chica o a una madre, Dios sigue su maravilloso acto de restaurar mi alma a su lugar correcto.

El tiempo no se detuvo con mi gran pecado (ni con el tuyo, si tu historia se parece a la mía). Seguí sirviéndole y amándole.

Sin embargo, mi corazón ya nunca fue el mismo. Se convirtió en un gran megáfono para suplicar a Dios por el corazón de las hijas; primeramente, las mías, después todas las demás, incontables, y ahora por las tuyas. Con este libro te invito a gritar a Dios conmigo por nuestras niñas. Pero esto es como volar en un avión. (Perdona este latigazo brusco del cambio de analogías, pero estoy sentada en mi habitación de hotel con vista al Aeropuerto Internacional de Orlando, y se me ha ocurrido esto). Querida amiga, tienes que usar primero tu mascarilla de oxígeno antes de poder ponerle la suya a tu hija.

¿Sabes por qué Dios te hizo mujer?

¿Entiendes tu propósito?

El Señor cumplirá en mí su propósito.
Tu gran amor, Señor, perdura para siempre;
¡no abandones la obra de tus manos! (Salmo 138:8, NVI).

3

Ayuda a tu hija a estar satisfecha con su imagen

"Mamá, ¿puedo afeitarme?".

"Mamá, ¿por qué en mi clase todas usan sostén?".

"Mamá, ¿cuándo tendré el periodo?".

"Mamá, ¿es malo besar?".

Si tu hija se siente segura de su imagen y protegida, entre los ocho y los doce años te hará muchas preguntas relacionadas con su cuerpo. Serán, por supuesto, preguntas directas y frecuentes si es extrovertida y, en caso contrario, las silenciará y rara vez las pronunciará. No obstante, existen.

Mientras tanto, otras personas también hacen preguntas sobre el cuerpo de tu hija.

- Tu doctor te puede preguntar si firmarás documentos para que tu hija sea vacunada contra enfermedades de transmisión sexual. (Esa es la verdadera pregunta cuando te hablan de Gardasil (el nombre de la vacuna en Estados Unidos que previene ciertas cepas del virus del papiloma humano [VPH]).

- Los chicos que la encuentran guapa podrían estar preguntándose si pronto podrán salir con ellas.
- Las enfermeras escolares podrían inquirir sobre su peso excesivo... o escaso.

¿Cómo sé que llegarán estas preguntas? Porque llegaron a mi corazón de madre cuando mis hijas eran preadolescentes. Y también te las harán a ti.

Una madre no puede quedarse sentada y permitir que todo ocurra sin más.

> Si no siembras en tu hija la verdad sobre su cuerpo, su sistema de valores se basará en el mundo y no en la Palabra.

Tienes que planificar bien cómo guiarás a tu hija en el camino a ser una mujer, y tienes que empezar ahora que aún es pequeña. Escribí lo siguiente en *Seis maneras de conservar "la pequeña" que hay en tu hija*:

Sus valores se forman ahora, y no cuando es adolescente. Si has esperado hasta que cumpla los doce años para hablarle de la menstruación, te habrás perdido la belleza de explicarle que Dios creó a la mujer para producir vida, y que *por eso* valoramos la maternidad. Si aguardas hasta que tenga trece años para hablarle del recato, ya no tendrás ocasión de indicarle *por qué* su cuerpo es bueno, hermoso y digno de protección. Si te demoras hasta que tenga catorce años para hablarle de sexo, habrás desperdiciado la hermosa ocasión de señalarle *por qué* creó Dios el matrimonio entre un hombre y una mujer como imagen de su amor por nosotros. No es que no puedas intentar formar sus valores después de los trece años. Lo que ocurre es que el mundo ya se habrá encargado de darle respuestas firmes a los "por qué" de su corazón si tú no lo has hecho, y reestructurar su sistema de valores resulta mucho más difícil que construirlo desde los cimientos...

¡Presentar los temas críticos después de los doce años es como navegar contracorriente en un kayak! Las creencias o sistema de valores de tu hija ya están formados, ¡e introducir valores en su adolescencia —cuando ya ha dejado de preguntar *por qué*— es difícil! Por tanto, la pregunta para ti ahora —cuando ella es preadolescente— no es "¿*Debería* hablar con ella sobre chicos, sexo, menstruación y otras cosas que me asustan tontamente?". La pregunta es "¿Cómo hablo con ella sobre esas cosas *sin robarle su inocencia?*". Creo que puedo ayudarte en esto.

Tu hija necesita escuchar la verdad —el estándar o la norma por el cual puede juzgar su valor como mujer— de ti. No en la escuela. No en un libro. No en el canal Disney. Directamente de ti.

Por esta razón he desarrollado estas ocho conversaciones para mantener con tu hija. Tratarán algunas de las cuestiones más importantes y abarcan tres temas básicos.

Tema #1: Convertirse en una mujer

Tuve el periodo un mes después de cumplir los doce años. Fue una experiencia positiva, a pesar de unos cuantos contratiempos incómodos que no me importará contarte algún día, en privado y en persona. Sin embargo, muchas de las mujeres a las que he entrevistado sobre este tema tenían historias muy desagradables al respecto, ¡ya que no tenían ni idea de por qué había sangre en sus bragas! Imagínate el miedo. (Bueno, tal vez puedas). El 40% de las chicas menstrúan por primera vez sin que su propia madre las haya puesto al tanto sobre ello.[1]

Entre los nueve y los trece años, tu hija empezará a menstruar. Asegúrate de que tenga un recuerdo positivo de esa primera vez que le sirva de preparación para una comprensión de por vida, y no para el temor. Compartiré contigo el método que desarrollé

---

1. Sara A. Divall y Sally Radovick, "Pubertal Development and Menarche", en *The Menstrual Cycle and Adolescent Health*, ed. Catherine M. Gordon et al. (Nueva York: New York Academy of Sciences, 2008), pp. 19-28.

y usé con mis hijas, y que les proporcionó una perspectiva más positiva de todo el asunto. (Piensa: chocolate).

Y aunque tener el periodo es la marca *externa* más relevante de la feminidad de tu hija, es crítico que establezcas en ella unos marcadores internos de la verdad para que entienda el plan de Dios para las chicas. (¡Mira el último capítulo!).

Tema #2: El cuidado corporal

A principios del sexto grado tuve una amiga a la que llamaremos Patricia. Fue una amistad forzada y obligada por mi madre. Mamá se abrió camino hasta llegar a mi clase para intentar ayudar a la pobre niña. Patricia tenía el cabello más grasiento que se pueda imaginar y un olor corporal particularmente fuerte. También era famosa por acudir a la escuela con un ajustado top de tirantes finos que apretaba sin pudor sus diminutos e incipientes senos. (A menudo lo combinaba con unos shorts de satén y altos tacones). Pobre dulce niña. Yo desconocía que su madre había muerto cuando ella era más pequeña. Por lo visto, el cambio que estaba sufriendo su cuerpo aterrorizaba a su padre, que le pidió ayuda a mi madre.

♥ Alternativa para pequeños grupos

A medida que ahondamos en temas de feminidad y género, es fundamental desarrollar una presión de grupo positiva entre las niñas de tu iglesia, escuela o comunidad. Podrías alentar a algunas parejas madre-hija a mantener las conversaciones en este libro a la vez que lo haces tú. Es bueno que tengas a dos o tres madres que recorran este camino con sus hijas, básicamente al mismo ritmo que tú, para que puedan hablar sobre ello y disfrutarlo juntas. (¡Podría resultar divertido que las madres se junten para comer de vez en cuando, se pongan al día y se alienten unas a otras!). ¡La actividad para la segunda conversación —una salida nocturna solo para chicas— sería realmente extraordinaria como actividad de grupo con todas las madres e hijas juntas!

Hacia el final del sexto grado, el cabello de Patricia estaba bien cuidado, sus axilas habían conocido a un buen desodorante, y mi madre había creado suficiente capital emocional para convencer a Patricia que dejara de llevar el top de tirantes finos. Patricia también se convirtió en una buena amiga para mí; solo necesitó la ayuda de una madre que le enseñara a cuidar de su cuerpo.

Ninguna chica sabe por sí sola cómo ocuparse de su cuerpo. Y los riesgos abarcan más que el estigma social. Con la obesidad infantil y adolescente en dramático ascenso durante las tres décadas pasadas, tenemos que enseñarles a nuestras hijas a hacer ejercicio y comer de un modo saludable, informándolas y ayudándolas a formar buenos hábitos. Compartiré contigo algunas formas muy divertidas de abarcar este tema.

Tema # 3: El sexo

Sí, tenemos que tratar este tema. Ya es hora.

Alrededor del 50% de las niñas de dieciséis años son sexualmente activas, y existe poca diferencia estadística entre nuestros hijos cristianos y los que proceden de hogares inconversos. Por tanto, gran parte del riesgo se remonta a sus años preadolescentes, cuando empiezan a interesarse locamente por los chicos. En la encuesta a 1200 adolescentes cristianas, que dirigimos Nancy Leigh DeMoss y yo antes de escribir *Mentiras que las jóvenes creen*, me acongojó descubrir lo dependientes que son las chicas cristianas de los chicos; ya sea que asistan a escuelas públicas o privadas, o que se eduquen en casa, el 68% respondió que serían más felices si tuvieran novio.

Una de las mejores formas de reducir el riesgo es hablar sobre esto cuando tu hija esté preparada. Y lo estará cuando tenga alrededor de los nueve años. He leído material de casi todos los psicólogos o expertos en familia que existen, y todos concuerdan en que esta conversación tiene que ocurrir mucho antes de que los padres se sientan generalmente cómodos manteniéndola. El Dr. James Dobson, por ejemplo, afirma: "En algún momento entre los seis y los nueve años, dependiendo de la madurez y el interés de la persona (y de lo que esté escuchando en el vecindario), él o ella debería entender cómo sucede la concepción".[2] No permitas que esto te aterrorice; más bien úsalo para tu información y para que te motive a hacer lo que Dios te ha encomendado: crear un sistema de valores con fundamento en la Palabra.

Ocho conversaciones que debes mantener

He usado la teología fundamental de nuestro cuerpo y los tres temas presentados anteriormente para desarrollar ocho conversaciones que puedes mantener con tu hija. Cada uno de los ocho capítulos siguientes te informa y presenta ideas sobre un tema importante y, a continuación, proporciona una actividad que puedes hacer con tu hija (por ejemplo: un paseo a la luz de la luna y una salida nocturna solo para chicas). Estas conversaciones son similares a las de mi libro *8 citas fabulosas para madres e hijas*. ¡Te *divertirás* enseñándole estas cosas! Explorarás con ella los aspectos prácticos del cuidado corporal y le transmitirás una profunda comprensión de la verdad respecto a su feminidad. (¡Y, posiblemente, por el camino disfrutarás de una maravillosa pedicura o de una noche de chicas!).

Puedes mantener estas conversaciones durante una cita semanal juntas o disfrutar de ellas según puedas programarlas en tu vida. Pero no permitas un intervalo muy largo entre ellas. Aquí tienes un resumen.

Conversación #1: Tu cuerpo, un propósito

Actividad: Paseo a la luz de la luna
Versículo clave: 1 Corintios 6:20
Idea principal: Tu cuerpo fue creado para
glorificar a Dios.
Entorno sugerido: un parque, una montaña, el campo,
la playa o un observatorio

---

2. James Dobson, *Solid Answers* (Wheaton: Tyndale House, 1997), p. 197.

Conversación #2: Tu cuerpo, una práctica

Actividad: Salida nocturna solo para chicas
Versículo clave: Génesis 1:27
Idea principal: Dios hizo a las niñas para que
reflejaran su imagen.
Entorno sugerido: un lugar divertido donde comer, como un
café, un salón de té o una pizzería

Conversación #3: Tu cuerpo, templo de Dios

Actividad: Baño con un jabón oloroso especial
o un baño de burbujas
Versículo clave: 1 Corintios 3:16-17
Idea principal: Tu cuerpo es el templo del Espíritu Santo.
Entorno sugerido: en casa de la abuela o en tu propia casa

Conversación #4: Tu cabello, una corona

Actividad: ¡Un peinado nuevo!
Versículo clave: 1 Corintios 11:15
Idea principal: Hasta tu cabello puede honrar a Dios.
Entorno sugerido: un salón de belleza o una experiencia
de peluquería en casa

Conversación #5: La comida, tu carburante

Actividad: Preparar una ensalada y un batido
Versículo clave: Génesis 1:29
Idea principal: Dios quiere que cuide mi cuerpo cuando como.
Entorno sugerido: la cocina
Requisito especial: una batidora

Conversación #6: El ejercicio, tu fuerza

Actividad: Un desafío a practicar ejercicio
Versículo clave: 1 Corintios 9:27
Idea principal: Dios quiere que cuide mi cuerpo con ejercicio.
Entorno sugerido: una montaña, una playa o
un camino de tu vecindario

Conversación #7: Tu cuerpo, fuente de vida

Actividad: Muerte por chocolate
Versículo clave: Juan 16:21
Idea principal: Tu cuerpo está facultado para crear vida.
Entorno sugerido: la cocina, o una tienda o fábrica de chocolate

Conversación #8: Tu cuerpo, un sacrificio

Actividad: Un día de las profesiones
Versículo clave: Romanos 12:1-2
Idea principal: Tu cuerpo debe ser un sacrificio vivo.
Entorno sugerido: una oficina o entorno profesional
que le interese a tu hija

Bueno, básicamente esto es todo. ¿Estás preparada para empezar a pensar en tu primera conversación?

4

Conversación #1

Tu cuerpo, un propósito

Te estoy escribiendo desde la pequeña casa de montaña de mis padres, donde he escrito al menos unas cuantas páginas de cada libro, desde el primero, *Y la novia se vistió de blanco*, en el año 2000. También es un lugar donde mi familia ha plasmado muchos recuerdos. A mi derecha, está el telescopio que mi maravilloso padre instaló con la esperanza de que todos observáramos un poco las estrellas, porque en esta montaña, el cielo es tan oscuro que soy la única que se atreve a dormir aquí sola. ¡Cómo brillan las estrellas! Por eso hemos acampado aquí a la intemperie mientras Dios ha usado el firmamento para presumir un poco de su maravillosa creación.

El mejor recuerdo que tengo de este lugar fue ver las leónidas, —una lluvia anual de meteoros— en el año 2001. Esto es lo que escribí en el libro de invitados:

....

Dan, Kay, Bob, Dannah, Rob y Lexi, todos pasamos la noche aquí. Tras unos apasionantes juegos de mesa, nos acurrucamos en la cama para hacer una siesta. A las cuatro de la mañana nos levantamos para observar las leónidas, el espectáculo de luz en el cielo de la lluvia anual de meteoros. Contamos dieciocho en sesenta segundos en un solo lugar. ¡Precioso! Después de esto, ¡de vuelta a la cama! (P.D. Esta mañana, el abuelo descubrió huellas frescas de garras delante de la casa).

La versión de Lexi fue un poco más concisa.

Vimos una lluvia de estrellas. Fue sensacional. Dormimos en la cabaña.

Lexi todavía recuerda aquella noche. Y yo también.

Amiga mía, ¡la conversación que quiero que mantengas con tu hija puede ser memorable! Después de todo, presentaremos una lección que ella no debe olvidar nunca.

Debemos vivir una vida centrada en Dios si queremos glorificarle. El pastor John Piper dedicó su vida a enseñarle a la iglesia a glorificar a Dios. Nos advierte: "Muchas personas están dispuestas a estar centradas en Dios siempre que sientan que Dios está centrado en el hombre. Este es un peligro sutil. Podemos pensar que estamos centrando nuestra vida en Dios, cuando realmente estamos convirtiendo a Dios en un medio hacia el amor propio".[1]

> El propósito principal de tu hija en la vida es glorificar a Dios y disfrutar de Él.

¡Cuán culpable soy de esto! Quiero creer con todas mis fuerzas que Dios quiere verme feliz, pero su meta real consiste en santificarme para que pueda iluminar su grandeza. ¡Es fundamental que tú y yo enseñemos a nuestros hijos a ignorar el mundo egocéntrico en el que están creciendo! Si leo un artículo o un libro más acerca de la crianza de los hijos que

---

1. John Piper, *Hermanos, no somos profesionales* (Viladecavalls: Editorial Clie, 2011), pp. 22-23.

afirme que nuestros hijos necesitan autoestima, me pondré a gritar. Nuestros hijos no necesitan autoestima... necesitan estimar a Dios. Si lo hacen, entenderán su propio valor, sin enfatizarlo exageradamente. En cambio, se entregarán y permitirán que la imagen perfecta de Dios se refleje en sus vidas.

Tomemos a nuestras hijas del lado poco profundo de la piscina y llevémoslas a mayor profundidad, equipándolas con una comprensión impregnada de la verdad del propósito que Dios nos asigna a cada una de nosotras.

Esta conversación incluirá la lección más grande y práctica del mundo. ¿Tus herramientas? La luna y el sol. (Ya te avisé de que sería grande, ¿o no?). Si bien estarán contemplando la luna, será la luz del sol la que la haga gloriosa. Y eso es lo importante. Después de todo, no poseemos luz propia. Si no fuera por la de nuestro Padre, no brillaríamos en este mundo oscuro. La luna refleja o "glorifica" al sol. Prepárate para enseñarle a tu hija lo que significa glorificar a Dios, al llevarla a pasear a la luz de la luna de medianoche. La conversación podría ser algo así.

Madre: ¿Te has preguntado alguna vez de dónde obtiene la luna su luz?

Hija: (Tal vez ella lo sepa si lo ha estudiado en la escuela. Si es así, elógiala y deja que ella te lo explique. Si necesita ayuda, amplía su información para que comprenda cómo funciona).

Madre: La luna no posee luz propia. No la veríamos de no ser por el sol. Cada atardecer, cuando nuestro lado de la Tierra se aleja del sol y gira hacia la luna, es como si el sol estuviera a nuestras espaldas. No podemos verlo, pero sus rayos son tan potentes que viajan más allá de la Tierra y tocan la luna haciéndola brillante y hermosa tal como la ves esta noche. (Dibuja en la arena, en la tierra o en un trozo de papel el diagrama abajo para que tu hija lo vea mientras compartes con ella la información de este párrafo).

Madre: El sol proporciona luz a todo nuestro sistema solar. Todo lo que hay en el planeta refleja la luz del sol; de otro modo no veríamos nada. Por ejemplo, una roca parecería un punto oscuro de no ser por el sol. Sin embargo, nada refleja la luz del sol de un modo tan extraordinario como la luna, ¿verdad?

Hija: (Déjala responder).

Madre: En cierto modo, la luna está "glorificando" al sol. El reflejo del sol sobre la luna irradia la luz del sol y lo da a conocer. La luna está diciendo: "¡Miren al sol!". Nos recuerda que el sol está ahí, aunque no lo podamos ver. Es parecido a lo que significa glorificar a Dios. La Biblia nos enseña que lo más importante que tú y yo haremos es dar a conocer a Dios o irradiar su luz. En 1 Corintios 6:19-20 (BLPH) leemos: "¿No saben que su cuerpo es templo del Espíritu Santo que han recibido de Dios y que habita en ustedes? Ya no son los dueños de ustedes mismos. Han sido rescatados a buen precio; glorifiquen, pues, a Dios con el cuerpo". Nuestro cuerpo debería ser como la luna. Deberíamos estar indicando constantemente: "¡Miren a Dios!". ¿En qué formas podemos hacerlo?

Hija: (Ella podría contestar que podemos leer la Biblia o asistir a la iglesia; sin embargo, debes intentar llevarla más allá de estas cosas, a las cualidades de carácter que Dios nos da, como el amor, el gozo, la paz, la paciencia, etc. Debemos ir más allá de solo hacer —realizar actos que nos den la falsa percepción de glorificar a Dios— y enfatizar el ser, permitiéndole a Él brillar a través de nosotras).

Madre: ¿Dónde aprendemos a ser así?

Hija: (Quizás ella responda que en Dios o en la iglesia, pero recuérdale que el Espíritu Santo, mencionado en nuestro versículo bíblico, es la fuente suprema).

Madre: El versículo bíblico que consideraremos esta noche nos indica que el Espíritu Santo nos enseña a ser amables y amorosas, y a estar gozosas. En cierto modo, cuando demostramos esas cualidades, somos como la luna que refleja la luz del sol. Estamos irradiando las cualidades de Dios al mundo.

¡Recuerda ilustrar la conversación con una experiencia! Te sugiero que lo hagas bien entrada la noche.

Yo tuve que privarme de muchas noches de apacible sueño para poner este libro en tus manos. Muchos fines de semana me levanté muy temprano y muchas noches me acosté de madrugada, hasta que, por fin, el libro vio la luz.

Claro, era muy diferente cuando yo era adolescente. Siempre intentaba posponer la hora de dormir, al menos un poquito. A veces me quedaba donde me vieran, en la sala, mientras mi madre me pedía mil veces que me retirara. Pero la mayoría de las veces tenía una cita con mi linterna bajo la manta, donde me esperaban mis libros favoritos de ficción. (Casi todos eran joyas literarias aprobadas por mamá y me encantaba leerlas una y otra vez; entre ellas *Azabache, Mujercitas,*

Donde crece el helecho rojo y *El cayo*. Sin embargo, yo también era culpable de meter a hurtadillas algún ejemplar de la lista negra como *¿Estás ahí, Dios? Soy yo, Margaret.* ¡Qué escándalo!).

Mi esposo y yo recordamos cuando nuestros hijos llegaron a la preadolescencia y decidimos retrasar, de vez en cuando, la hora de dormir. Esto tenía sus ventajas y sacamos provecho de ello. Una vez a la semana, Robby y su padre salían a un restaurante a comer alitas de pollo a las ocho de la noche. Para Robby era como si se le permitiera conducir sin tener edad para ello. Sin embargo, esas noches no solo eran para acostarse tarde, sino para plantar la verdad bíblica en su corazón, que resultaba ser terreno fértil por la ilusión que le hacía irse a la cama tarde.

Intenta recordar el gran privilegio que era para ti acostarte tarde cuando tenías diez años y entenderás el poder de esta actividad madre-hija. Y te aseguro que necesitarás poder, porque estás a punto de compartir con ella una de las mayores verdades de la Biblia: que ella existe para glorificar a Dios y disfrutar de Él.

Conversación #1
Paseo a la luz de la luna

Tema: Tu cuerpo, un propósito

Entorno sugerido: un parque, una montaña, el campo, la playa o un observatorio

Material que necesitarás:

- un calendario lunar y el informe meteorológico para que puedas encontrar una noche en que tengas una vista espectacular de la luna. Programa tu conversación para esa noche y quédate abierta a los cambios de última hora si el tiempo no acompaña. Es fundamental que sea una noche en que la luna se vea fantástica.
- un telescopio (opcional)
- una merienda (opcional)
- un farol o dos linternas
- este libro

Existen dos objetivos durante esta actividad. El primero consiste en que tu hija disfrute de la emoción de estar levantada pasada la hora de ir a la cama y de pasar un tiempo realmente especial contigo. Saca la merienda y disfruten del tiempo juntas, bajo la luz de la luna. Más abajo te proporciono otras ideas para los paseos a la luz de la luna en distintas estaciones y climas.

El segundo objetivo es tener una conversación con tu hija sobre el principal propósito de su cuerpo. Puedes usar el guión que aparece al principio de este capítulo o dirigir tu propia conversación. Pueden hablar de los siguientes temas.

1. Lean 1 Corintios 6:19-20 y conversen sobre la única cosa mencionada por Dios que deberíamos usar para glorificarle. (Respuesta: el cuerpo).

2. Lean 1 Corintios 10:31 (NVI). ¿Cuáles son dos cosas que hacemos con nuestro cuerpo que deben glorificar a Dios? (Respuesta: comer y beber).

3. El versículo también dice "o… cualquier otra cosa". ¿Qué cosas específicas puedes añadir a esto? Pista: ¿Qué haces con tu cuerpo? Todo lo que hagas debería glorificarle. (Posibles respuestas: gimnasia, pintar, la forma de vestir, dormir, quién me gusta, salir con alguien, abrazar, besar…).

♥ Ideas y recetas para los paseos a la luz de la luna

Noche de pleno verano

El verano es un gran momento para esta conversación. Agarra una pequeña nevera con limonada helada y haz estas deliciosas galletas. Podría apetecerte masticar algo salado, como los pretzels.

Galletas de limón en forma de luna

Estas galletas se parecerán a la luna, pero se derretirán en tu boca como algodón de azúcar. Tienen un leve sabor a limón, pero son mayormente un bocado dulce. Mi madre hacía estas galletas, y me encantan.

    1 paquete de preparado para pastel de limón
    2 tazas de crema batida (nata montada)
    1 huevo
    2 cucharadas de jugo de limón

Mezcla bien los ingredientes y deja caer una cucharada de la pasta en azúcar glas (pulverizada). Colócalas sobre una hoja de papel de horno sin engrasar. Hornea a 180º C (350º F) durante 10 minutos. Las galletas serán blandas y un tanto pegajosas.

Divertida parcela de calabazas

Una parcela de calabazas sería un lugar extraordinario para un paseo a la luz de la luna. O un campo de maíz, o un pajar. Asegurarte de llevar una cómoda manta contigo, además de tu bolsa de picnic. Encuentra un lugar acogedor para disfrutar de un chocolate caliente y palomitas dulces caseras. Tu hija te lo pedirá. Y son tan fáciles de hacer que ella te puede ayudar.

Palomitas dulces caseras

Cuando mis hijos eran preadolescentes, me ayudaban a hacerlas. Yo las preparaba en el microondas y ellos las sacudían.

    1 taza de granos de maíz para palomitas
    1 taza de azúcar morena
    ½ taza de mantequilla
    ¼ taza de jarabe de maíz
    ½ cucharadita de vainilla
    ½ cucharadita de sal
    ½ cucharadita de bicarbonato de sodio

Prepara las palomitas y añádeles sal. Ponlas en una bolsa (o saco) de papel apta para el horno microondas (como las que usan en los supermercados). Combina aparte el azúcar, la mantequilla, el jarabe de maíz, la sal y la vainilla. Mételo en el microondas durante 4 min. a temperatura alta. Mézclalo después de cada minuto. Luego ponlo de nuevo en el microondas durante 2 min. a temperatura alta. Añade el bicarbonato. Vierte la mezcla sobre las palomitas en la bolsa de papel. Calienta la bolsa durante 1½ min. Luego agítala con energía. Vuelca las palomitas sobre una bandeja para galletas, hornéalas a 120º C (250º F) durante 15 min., revuélvelas y déjalas otros 15 min. en el horno. Déjalas enfriar antes de servir.

Paisaje invernal

¿Van a iniciar estas conversaciones durante los fríos meses de invierno? No hay problema. Lo único mejor que una playa bañada por la luna es una nevada reciente iluminada por ella. Espera hasta que haya una noche realmente hermosa. La luna iluminará los campos cubiertos de nieve y hará que tu lección práctica sea aún más poderosa. Es evidente que no disfrutarás de la merienda a la intemperie; hará demasiado frío. Sin embargo, pueden encontrar un agradable rincón junto a la chimenea donde sentarse cuando regresen para disfrutar de esta leche caliente con vainilla, tal vez acompañada de algunos pretzels o rodajas de manzana.

Leche caliente con vainilla

1 taza de leche
2 cucharaditas de azúcar
2 cucharaditas de extracto de vainilla
1 cucharadita de canela molida
Crema batida (nata montada) o malvaviscos (opcional)

Vierte la leche en una taza que puedas meter en el microondas. Mezcla la canela y el azúcar y añádelo a la leche. (Si mezclas antes la canela y el azúcar te ayudará a evitar que floten sobre la leche). Agrega la vainilla. Calienta la leche en el microondas durante 1 minuto 40 segundos (o más si quieres una bebida más caliente). Mézclala con una cuchara antes de beber. Cúbrela con la crema batida y los malvaviscos si lo deseas.

5

Conversación #2

Tu cuerpo, una práctica

Cuando vi a Lexi por primera vez, supe que había nacido con la dulce nariz respingada de su abuela. Coloqué suavemente el pulgar en la curva que hacía y planté mi primer beso en mi recién nacida hija, justo en ese lugar. ¡Cuánto me gusta la naricilla de Lexi!

"¿A quién me parezco?".

Mis dos hijas me han hecho esa pregunta.

Responderle a Lexi fue fácil. Empecé a preguntármelo pocos minutos después de que naciera, pero ella no comenzó a inquirirlo hasta llegar a preescolar. Ella tiene los grandes ojos azules y los labios carnosos de su padre. La forma de su cara es mía y también la de su cuerpo. Camina como yo y habla como Bob.

Para mi otra hija Autumn, encontrar las respuestas a esta pregunta ha sido más difícil y profundamente doloroso. No tenemos registros de sus padres biológicos. Ni siquiera una foto o un nombre. No hablamos mucho de este tema, pero está en su corazón. Tal vez hayas adoptado a un tesoro y entiendas esta honda herida.

Todos anhelamos parecernos a alguien.

Pertenecerle a alguien.

Y hay una razón para ello.

Dios no quiere que olvidemos que, en última instancia, nos parecemos a Él. La siguiente conversación para tener con tu hija se fundamenta en la verdad de que su *propósito* principal es glorificar a Dios. Dado que esto significa que debe darlo a conocer y hacerle visible, su *práctica* principal será parecerse a Él.

> ¡La práctica principal de tu hija es parecerse a Dios y la mejor forma de hacerlo es aceptando su papel de niña!

¿Has luchado alguna vez con tu papel de mujer? Tal vez te hayas topado con alguna barrera creada por el hombre. (Creo firmemente que no es Dios quien las hace y acepto totalmente la sumisión bíblica y el liderazgo de los hombres, pero a veces lo entendemos mal, y eso duele). O tal vez a ti, como a mí, te resulte difícil la idea bíblica del sometimiento en el matrimonio. (No pierdo la calma cuando Bob toma una gran decisión de esas que cambian la vida, ¡pero puedo ser muy problemática cuando intenta decidir a qué hora se sirve la cena!). Suzy Weibel, mi amiga y maestra principal de Secret Keeper Girl, creció con una enorme aptitud para los deportes. Ella podía competir con el mejor de los niños, pero a veces no la invitaban a jugar. (Se casó con un hombre que siempre la invita). De haber sido niña en el año 2014, le habrían dicho que era un niño, por su amor a los juegos y por preferir vestir pantalones. (¡Yo rebatiría a cualquiera que lo intentara, y citaría su amor por Vera Bradley, por las compras y por la cocina!).

El asunto del papel de los géneros puede llegar a ser algo difícil.

No obstante, Dios creó nuestro sexo biológico con un propósito deliberado y unas directrices a seguir; estas nos ayudan a vivir nuestro propósito para glorificarle y disfrutar de Él. Por tanto, es fundamental responder las preguntas de nuestros hijos sobre el género de una forma confiable y sincera. Empecemos con esta pregunta franca: Cuando se dice que una niña es en realidad un niño, porque le gustan más las pelotas que los tutus de bailarinas, porque prefiere los pantalones *jeans* a una falda y cazar en lugar de hacer gimnasia, ¿no se está precipitando la gente en su conclusión? Decirle que es un niño solo porque le gusta el fútbol parece una forma peligrosa de estereotipar.

Mientras escribo esto, se está tachando de "transgénero" a niños de cinco años. Sus padres les están cambiando el nombre, les proporcionan ropa distinta y los preparan para operaciones que cambiarán su sexo biológico en el futuro. La terapia hormonal para el bloqueo de la pubertad se ofrece a niños para inhibir su desarrollo y acondicionarlos para la reasignación de género. Ya lo hemos observado en Suecia —un país de vanguardia en la reforma del concepto de género—, donde el pronombre neutro de género "hen" sustituye "él" o "ella" en un esfuerzo por desdibujar las distinciones de género. Nuestros hijos están en primera línea de una batalla que nosotras mismas apenas comprendemos.

No siempre fue así, y tengo que preguntar: ¿No estará el mundo aceptando realmente los estereotipos en un intento por evitarlos? Quiero decir, ¿no estaremos estereotipando cuando afirmamos que una niña que juega al béisbol podría tener la preferencia de género de ser un niño? ¿Por qué no puede gustarle el béisbol a una niña?

A Lindsay Leigh Bentley (lindsayleighbently.com) le gustaban las cosas "de niños" desde el principio, y sus padres la alentaron. Pero no la etiquetaron ni intentaron animarla a un cambio de sexo. Hoy es una hermosa madre femenina, de cabello largo. Está felizmente casada con un hombre al que le gusta comprar ropa para la familia y que deja que Lindsay le cambie el aceite al auto.

Al hijo mayor de Lindsay le gusta el color rosa. Esta valiente bloguera escribe lo siguiente sobre el tema: "A Henry le puede gustar el rosa tanto como a mí romper hormigón, sin que eso defina nuestro género".[1]

¿Y qué *exactamente* define el género?

Esta es la pregunta a la que responderemos durante nuestra cita de hoy.

Si esto te pone nerviosa, no lo permitas, a menos que decidas no empezar a tratar esta cuestión. Pero te digo que sería como ignorar al elefante en la sala de estar de nuestra cultura. Puedes estar segura de que la información que compartas con tu hija no va a incluir nada que pudiera incomodarte. Respecto al género, no necesitamos centrarnos excesivamente en las falsificaciones. Solo tenemos que familiarizarnos con el diseño original de Dios.

De hecho, para que confíes en lo fácil que va a ser, te esbozo aquí una conversación como ejemplo.

Madre: En nuestra última cita aprendimos que nuestro propósito principal es glorificar a Dios. Dimos un paseo en una noche de luna y vimos que la luna no posee luz en sí misma. Sencillamente refleja la luz del sol, recordándonos la existencia del sol. Es lo que significa glorificar a Dios: recordarles a los demás que Él existe.

En esta cita profundizaremos un poco más en el tema. Si nuestro propósito principal es glorificar a Dios, nuestra práctica principal —es decir, la forma en que aplicamos nuestro propósito a nuestra vida cotidiana— debe ser parecernos a Él para que podamos representarlo. Creo que esto lo hacemos

1. Lindsay Leigh Bentley, "I Am Ryland—the Story of a Male-Identifying Little Girl Who Didn't Transition," *Lindsay Leigh Bentley* (blog), 30 de junio, 2014, lindsayleighbentley.com/2014/06/30/i-am-ryland-the-story-of-a-male-identifying-little-girl-who-didnt-transition/.

mejor en los roles de masculinidad y feminidad, como niños y niñas, u hombres y mujeres. Permíteme explicarte.

Hoy, nuestro versículo bíblico es Génesis 1:27:

> Y creó Dios al hombre a su imagen,
>   a imagen de Dios lo creó;
>   varón y hembra los creó.

Una imagen es una representación de algo. Por tanto, la imagen de Dios es una representación suya. ¡En este caso, somos la imagen; es decir, que somos como estatuas! Según este versículo, ¿qué es específicamente lo que nos hace semejantes a la imagen de Dios?

Hija: (Respuesta: ser varón y hembra).

Madre: ¡Ser niña es, pues, algo importante! (Y también lo es ser niño). Es la *única* cosa mencionada por Dios que hace que nos parezcamos a Él. Hay muchas otras cosas que nos hacen semejantes a Dios: nuestro intelecto, nuestra creatividad. Pero Dios solo menciona nuestro género, o sexo, en Génesis, cuando escoge hacernos varón y hembra. ¿Tienes alguna idea de por qué eligió dos géneros muy diferentes para ayudarnos a parecernos a Él?

Hija: (Esta pregunta es difícil, pero deja que ella la explore. La respuesta a la que quieres que llegue es que Dios es tres en uno y que creó al hombre y a la mujer para que fueran claramente diferentes y, sin embargo, capaces de la unidad por medio del matrimonio. De este modo, somos como Dios).

Madre: Porque Dios es tres en uno: Dios Padre, Dios Hijo y Dios Espíritu Santo. Cada uno es claramente distinto pero, aun así, los tres son uno solo. De modo que Dios creó al varón y la hembra para que fueran claramente diferentes, pero capaces de unificarse por medio del matrimonio. Por supuesto, no es mayor honor ser niño o niña. Las chicas pueden expresar su feminidad de muchas y diversas maneras. A algunas les gustan los juegos de pelota. A otras las reuniones para tomar el té. Lo importante es que celebremos haber sido hechas a imagen de Dios como niñas. Déjame leerte un poco de la Biblia. Esto es del Salmo 139:13-14. El rey David le está escribiendo a Dios.

> Porque tú formaste mis entrañas;
>> tú me hiciste en el vientre de mi madre.
> Te alabaré; porque formidables, maravillosas son
>> tus obras;
>> estoy maravillado, y mi alma lo sabe muy bien.

Según estos versículos, ¿quién decidió que tú y yo naciéramos niñas?

Hija: (Repuesta: Dios lo hizo).

Madre: ¡Qué honor que Dios escogiera que fuéramos chicas! ¡Y a otros para que fueran chicos! Aceptémoslo. Si celebramos nuestra condición de mujer, le estamos diciendo a Dios: "Estoy feliz de parecerme a ti. Me alegra ser portadora de tu imagen como chica".

Antes de que te sumerjas en esta conversación, dedica un momento justo ahora para presentar la feminidad de tu hija al Dios que la escogió. Pídele que plante en ella la comprensión de lo que significa ser mujer y por qué fue lo que Él escogió para ella. Pídele que la ayude a entender el concepto de ser portadora de su imagen.

Conversación #2
Salida nocturna solo para chicas

Tema: Ser portadora de la imagen de Dios

Entorno sugerido: un lugar divertido donde comer, como un café, un salón de té o una pizzería. Sírvete de la personalidad de tu hija para escoger el lugar donde celebrar su salida nocturna solo para chicas.

Recomendación: Hazlo con un grupo de mujeres. Lo ideal sería mujeres y sus hijas que estén usando este libro. Como cada mujer será única en su expresión de feminidad, tu hija podrá evitar encasillarse en estereotipos, a la vez que acepta su papel como mujer.

Material que necesitarás:

- Cada mujer adulta o joven adulta que asista debería llevar una fotografía (sacada de una revista o tomada por ella misma) que represente lo que significa ser mujer y por qué le gusta. (Ideas: Puede ser la foto de una chica jugando fútbol, y la mujer que la comparta puede decir que le encanta ser una mujer que practica deportes. O puede ser la foto de una mujer con un bebé, y quien la comparta puede explicar que le encanta que las mujeres den a luz y cuiden a sus bebés. ¿Captas la idea? Que refleje a la mujer. Las fotos serán tan diversas como tu lista de invitadas).

- este libro

Selecciona tu destino y convoca a tus invitadas. Asegúrate de decirles que traigan una foto que refleje su estilo de feminidad.

Una vez en el restaurante, empiecen a disfrutar de la comida juntas. Mantengan la conversación al acabar de comer o durante el postre. Tienes una tarea específica, y es muy fácil. Cada mujer mostrará al grupo su fotografía, compartirá sus pensamientos sobre la feminidad, y le presentará su foto a tu hija. (Más ideas: Podría ser la imagen de una niñita jugando a disfrazarse, y la mujer que la comparta puede decir que todavía le gusta vestirse con elegancia y expresar su belleza. O podría tratarse de una mujer trabajando, y quien la comparta podría explicar cuánto le gusta que Dios invite a las mujeres a trabajar duro).

Cierra este tiempo de compartir presentando tu propia foto y la enseñanza de este capítulo. Puedes hablar de los siguientes temas:

1. Lee Génesis 1:27 y habla sobre la palabra que Dios usa para describir la condición de varón y hembra. (Respuesta: imagen). ¿Qué significa ser la imagen de Dios? (Respuesta: Quiere que otros lo vean, así que debemos ser en cierto modo como Él).

2. Enumera algunas maneras en que niños y niñas son muy diferentes. (Respuesta: partes del cuerpo, fuerza física, intereses…). Habla de por qué Dios nos haría tan distintos pero, aun así, es capaz de hacer que nos parezcamos a Él. (Respuesta: Dios Padre, Dios Hijo y Dios Espíritu Santo son claramente distintos y, aun así, están unificados como uno solo. Dado que el hombre y la mujer son diferentes, pero pueden unirse en matrimonio, somos la imagen de Dios).

3. Lee Efesios 5:31-32. Explica cómo la masculinidad y la feminidad se juntan para ser uno. (Respuesta: el matrimonio).

♥ Ideas y recetas para la salida nocturna de chicas

Presupuesto económico

Una salida nocturna de chicas en casa de alguien puede resultar económico y una forma divertida de facilitar esta conversación. Cada mujer puede llevar un plato para compartir. Tú y tu hija deberían cocinar juntas un plato antes de ir o preparar platos separados. ¡Déjale formar parte de la diversión de la comida! Aquí tienes algunos temas que podrían hacerles pasar un buen rato y unas cuantas recetas. Todas son muy fáciles de hacer. Tu hija podría cocinarlas con un poco de ayuda.

Noche de invierno con sopa y ensalada

Asígnale sopa o ensalada a cada una y deja que la anfitriona prepare simplemente su casa y se encargue de servir.

Sopa fácil de queso

Se puede preparar y tenerla lista para servir en 20 min. Tu hija podría hacerla con un poco de supervisión. Enséñale a usar el fogón (la placa cocina) de un modo seguro, antes de dejarla sola. ¡He servido esta sopa durante años con grandes elogios! Todas me piden siempre mi receta, pero me niego a compartirla diciendo que es demasiado complicada. ¡Bueno, ahora el secreto queda aireado!

1 bolsa con una mezcla de patatas, cebollas y pimientos
    congelados
6 tazas de agua
1 lata de crema de pollo
450 g de un queso suave, fácil de fundir, en cubos
Una pizca de salsa Worcestershire
Sal y pimienta al gusto

Pon el agua, la crema de pollo y la mezcla de patatas en una olla grande. Lleva a ebullición y déjalo cocer hasta que las patatas estén blandas. Reduce el fuego a temperatura media y añade los cubos de queso. Acaba agregando los ingredientes restantes y sirve de inmediato.

Fiesta divertida de verano en el patio

Asígnales a todas un plato de verano divertido para añadirlo al asado favorito de la anfitriona.

Bebida escarchada de naranja

¿Qué sería de una fiesta de patio sin bebidas realmente divertidas? Mezcla estos ingredientes para conseguir una deliciosa bebida divertida.

1 ¼ taza de crema batida (nata montada)
1 lata de concentrado de jugo de naranja congelado
1 lata de agua
1 ½ taza de hielo picado

Ponlo todo en una batidora durante un minuto, hasta obtener una textura suave. Sírvelo en vasos o copas divertidas con una rodaja de naranja.

Fiesta de la cosecha de otoño

Pídele a cada una que lleve un plato divertido típico del otoño, como mazorcas de maíz o judías verdes con patatas cocinadas en jugo de jamón (plato favorito de nuestra familia en temporada de cosecha).

Postre crujiente de manzana y avena (rápido en el microondas)

Siempre encontrarás manzanas en otoño, y esta divertida receta es fácil de preparar.

6 manzanas Granny Smith, peladas y fileteadas
16 galletas (maría o sultana)
¾ taza de azúcar morena
½ taza de avena
½ taza de harina
1 cucharadita de canela
½ cucharadita de nuez moscada
½ taza de mantequilla derretida

Coloca la manzana en un molde de tarta (apto para microondas) hasta llenar tres cuartas partes del molde. Pica finamente las galletas, ponlas en un recipiente y agrega los demás ingredientes secos. Añade la mantequilla derretida y mézclalo todo bien. Distribuye la mezcla sobre las rodajas de manzana. Métela en el microondas a potencia alta durante 12-15 min. Déjalo enfriar ligeramente y sírvelo con crema batida (nata montada) o helado.

Brunch de primavera

Asígnale a cada una que traiga un plato sabroso para un desayuno-almuerzo.

Salsa de piña colada para fruta

Todo *brunch* de primavera necesita un plato divertido de fruta. Corta frutas variadas y ponlas en una bandeja, con esta sabrosa salsa en el centro.

1 lata de 200 gr de piña machacada
½ taza de leche
½ taza de crema agria
1 paquete de pudin instantáneo de coco

Mezcla todos los ingredientes y sirve el plato bien frío

Parfaits de fruta, yogur y granola

¡Todas creerán que están comiéndose un postre y no un yogur saludable!

    1 taza de granola
    2 tazas de yogur natural
    1 taza de frutillas o moras
    2 cucharadas de miel

En bonitos vasos de *parfait* o helado ve poniendo, capa a capa y por este orden: granola, yogur, fruta. Vierte un chorrito de miel por encima. Mantenlo refrigerado hasta la hora de servir.

6

Conversación #3

Tu cuerpo, templo de Dios

"Mamá, ¿cuándo seré bastante mayor para afeitarme?", preguntó Lexi. La expresión de su rostro fue graciosísima, pero era impenetrable.

Antes de que te cuente qué sucedió a continuación, echa un vistazo a estas estadísticas de una encuesta nacional sobre cómo y por qué se afeitan las mujeres estadounidenses, dirigida por la Corporación de Investigación de Opiniones en marzo del 2008. Se les preguntó a las mujeres: "¿Pediste permiso la primera vez que te afeitaste o lo hiciste a escondidas?". Es probable que el 39% soltara una risita tonta al admitir que lo hicieron a hurtadillas. Otro 37% reconoció haber pedido permiso. El resto no lo recordaba.[1] De modo que, si tu hija te está pidiendo permiso para afeitarse, ¡dale un abrazo!

¿Qué hice yo? Abracé a Lexi y le dije que podíamos hablar de ello. Añadí que podía afeitarse cuando se sintiera preparada.

"Ya lo hice", confesó. "Mira".

---

1. Citado en "Tween Talk," *Gillette Venus*, www.gillettevenus.com/en-US/venus-beauty/articles/how-to-shave-mom/.

¡Y mi preciosa hija de nueve años me mostró el mejor afeitado que haya visto la humanidad!

No es fácil debatir bíblicamente sobre higiene, sencillamente porque en la Biblia no se menciona mucho *las prácticas* de limpieza corporal. (Hay mucho más sobre *los rituales* de purificación). Pero una cosa sigue siendo cierta: nuestro cuerpo es el templo santo del Dios vivo del universo. Es importante que tu hija entienda eso.

> El cuerpo de tu hija es el templo del Dios vivo, su morada.

Si Dios está viviendo en nuestro cuerpo, deberíamos cuidarlo mejor que al Taj Mahal.

La Biblia nos dice que cuidemos de nuestro cuerpo, y también nos explica las razones.

Evalúate en cada una de las tres cuestiones básicas del cuidado corporal a medida que yo las comparta contigo. (¡Trabajarás en ellas con tu hija esta semana. Por tanto, este ejercicio te dará una oportunidad de prepararte!).

¿Estás bebiendo un vaso de 200 ml de agua ocho veces al día? Pablo le dice a su pupilo Timoteo que deje de beber solo agua, porque enfermaba a menudo (1 Timoteo 5:23). Timoteo podría haber estado bebiendo agua contaminada. Realmente lo desconocemos pero, en el siglo I, las personas de Oriente Medio tendrían menos acceso al agua limpia que la gente de hoy. En todo caso, Pablo le indica a Timoteo que tenga cuidado con lo que bebe. Es un tema importante. En mi caso, necesito *más* agua, y no menos.

¿Sabes que el ingrediente número uno en tu cuerpo es el agua? Tu cuerpo es agua en un 60%. Tu cerebro, en un 70%. Y tus pulmones, en el 90%. Si no reabasteces estos órganos vitales con una dosis diaria de agua fresca, lo más probable es que luches contra la sensación de pereza y cansancio. Tal vez ciertas partes de tu cuerpo lidien con el acné, las alergias, el cabello quebradizo, etc. Estos síntomas pueden ser provocados por la falta de agua, porque tu cuerpo asigna la poca agua que bebes a los órganos más grandes.

¿Estás cuidando bien tu cuerpo? En Efesios 5:28, Pablo les advierte a los maridos que deberían amar a sus esposas como a sí mismos. Lo indica de un modo que recalca la tendencia natural de la gente a cuidarse de sí misma. En otras palabras, es natural que las personas se preocupen de sí mismas mejor de lo que otra persona lo haría. Yo intento dormir ocho horas, comer cuando tengo hambre, tomar una buena ducha a diario y disfrutar de un masaje cada vez que puedo. ¿Por qué? Como afirma Pablo: "Nadie odia su propio cuerpo, sino que lo alimenta y lo cuida tal como Cristo lo hace por la iglesia" (v. 29, NTV).

Hasta el momento, es probable que hayas sido tú quien ha cuidado el cuerpo de tu hija. La has ayudado a recordar que se tiene que bañar, cuándo comer, y le has avisado cuando es hora de dormir. A partir de este momento, deberías ser más formal y entregarle las riendas a ella para que cuide de su propio cuerpo. ¡Lo harás mejor con el ejemplo! ¿Cuidas bien de ti misma?

¿Eres consciente de que tienes que cuidar bien de tu cuerpo, porque es la morada de Dios? En 1 Corintios 6:19, Pablo nos explica por qué importa lo que hagamos con nuestro cuerpo. "¿Acaso no saben que su cuerpo es templo del Espíritu Santo, quien está en ustedes y al que han recibido de parte de Dios?". Si el Espíritu Santo ha establecido su residencia en mi cuerpo… ¡voy a introducir el mejor servicio doméstico disponible! ¡No quiero vivir la relación más importante de mi vida en la mugre!

Así como se tiene que aprender a cocinar o a tocar un instrumento, es necesario aprender aptitudes para cuidar de tu cuerpo. (Conozco a un joven cuyos padres nunca le hablaron del desodorante. No fue hasta llegar a la universidad y tener un compañero de habitación que supo de su existencia y se sintió mortificado por no haberlo sabido antes). ¡Incluso algo tan sencillo como esto tiene que presentarse y enseñarse! Así que… debemos enseñárselo a nuestras hijas.

Esta conversación va a trasladarse al terreno práctico del cuidado corporal. Mientras dejas correr el agua para la ducha más olorosa o el baño de burbujas más asombroso de la historia humana, entrégale a tu hija una cestita o bolsa de regalo con jabones y otros productos para el cuidado corporal. Puedes incluir los productos que te apetezcan, pero asegúrate de que cuente con un artículo para cada uno de los puntos que te indico más abajo. Estos puntos están escritos directamente para tu hija. Lee o comparte con ella los pensamientos y consejos señalados en cada uno antes de la ducha o el baño de burbujas para que pueda remojarse, disfrutar y probar algunas cosas nuevas.

♥ Cestita de productos para el cuidado corporal

Crea una cestita divertida para tu hija en la que incluyas artículos que no solo use en su ducha o baño de burbujas especial, sino de forma habitual desde ese día en adelante. Asegúrate de añadir solo cosas que, según su edad, ya necesita. Por ejemplo: es probable que una niña de nueve años no tenga que usar aún remedios contra el acné. Espera para eso y limítate a comprarle un simple limpiador facial.

gel para baño de burbujas
hidratante corporal
limpiador facial o remedio contra el acné
desodorante y/o espray corporal
cuchilla y crema de afeitar
esponja de lufa
botella de agua

No es necesario incluir productos para el cabello, porque trataremos el tema del cuidado capilar en la próxima cita.

IDEAS Y PRODUCTOS PARA EL CUIDADO CORPORAL

1. El jabón

Los niños no son los únicos que llegan a apestar. Tendrás que creerme, porque no siempre somos las mejores juezas de cómo olemos. ¿Por qué será que nos encanta la piscina y, sin embargo, evitamos tomar un baño o una ducha a toda costa? Asegurémonos de que los olores que estamos emitiendo al mundo estén en armonía con nuestro deseo de tener a otras personas cerca, mediante el compromiso de tomar una ducha o un baño de burbujas a diario o cada pocos días. Puedes hacerlo por la mañana o por la noche, según te vaya mejor, pero es hora de tomártelo en serio. (Mamá, a partir del momento en que se produzca el crecimiento incipiente de los senos de tu hija, es bueno que se considere una ducha, al menos cada dos días. En los siguientes años su cuerpo producirá olores adicionales, y entonces será incluso mejor que lo haga a diario).

2. El limpiador facial

¿Qué es lo que causa las espinillas (o el acné)? Es bastante complicado, porque el diseño de Dios para tu cuerpo es realmente bueno. Con frecuencia usamos lociones para hidratarnos la piel, pero en muchos casos no son necesarias. La piel está llena de poros (o folículos pilosos) que producen sus propias grasas. Las glándulas que producen grasa en tus poros se denominan glándulas sebáceas. Las hormonas de la pubertad ordenan a estas glándulas que aumenten su producción de grasa dérmica pero, en ocasiones, estas se exceden un poco en su función. Las células de piel muerta o las bacterias quedan atrapadas en tus poros junto con demasiada grasa. Esto produce la espinilla.

Puedes impedir la aparición de las espinillas si mantienes tu rostro y tus manos limpios (sobre todo antes de lavarte o tocarte la cara). ¡Puedes evitar que se produzcan empezando a lavarte la cara con regularidad *antes* de que empiecen a salir!

Cuando te salga uno, lo mejor es dejar que siga su curso natural. Lo más probable es que desaparezca en una semana. Si la espinilla se convierte en un barrillo blanco, significa que las grasas y las bacterias están atrapadas cerca de la superficie, y se puede "reventar" de forma más segura, aunque no deberías tocarlos nunca sin lavarte las manos y sin aplicar de inmediato una loción antibacteriana sobre la herida. Si eres capaz, resiste a la tentación de "reventarte" una espinilla. El maquillaje es una forma ideal y segura de cubrirla para que no se note tanto.

Para empezar, ¿cuál es la mejor forma de evitar las espinillas? Lávate la cara por la mañana y por la noche sin falta; más que eso no es necesario ni frotarla como una loca. Una vez más, el diseño de Dios es asombroso. Un sencillo lavado eliminará las células de piel muerta que quedan atrapadas en los poros abiertos y causan el acné. Si a continuación usas una crema hidratante, comprueba que sea "no acnegénica", una forma elegante de decir que no te obstruya los poros. ¡Y cuidado con los espráis y geles para el cabello! Tienden a empeorar el acné.

3. El desodorante

Es hora de empezar a usar el desodorante. Pocas cosas son tan ofensivas para la nariz de las personas como el olor corporal. Pero estoy dispuesta a apostar que tu propio olfato ya te lo ha enseñado. Tal vez seas una de esas pocas personas con suerte que no necesitan usar el desodorante a diario. ¿Quieres que te dé una sencilla norma que se aplica a gran parte de la vida? Menos es más. No podría ser más sencillo que esto, ¿verdad? Menos desodorante. Menos perfume. Menos ofender a otros incluso con tus buenos olores. Puede resultar tentador pasarse con algo que huele muy bien. Pero demasiado perfume… bueno… llega a oler realmente mal.

4. La cuchilla

Finalmente, es probable que quieras afeitarte las piernas y las axilas. La mayoría de las estadounidenses lo consideran higiene estándar, pero tal vez te sorprenda saber que las niñas de muchos países no lo hacen.

Afeitarse es una de las prácticas de higiene más difíciles de dominar. Nadie lo hace bien desde el principio, ¡y esto asusta un poco ya que estamos hablando de un objeto afilado!

Existen alternativas al afeitado, aunque ninguna es tan rápida y barata. Una de ellas es depilarse con cera, y es tal como suena. Se aplica cera caliente (no al punto de quemarse) sobre la piel y se coloca una tira de papel o tela sobre ella. Tras un segundo de calor, se arranca esta tira eliminando la cera y el vello (desde la raíz). ¡Aayy! ¿Por qué la cera? La aparición del vello tarda más. Mucho más. ¿Por qué no usarla? El dolor sería una buena razón, junto con que tiende a producir granitos. También es mucho más costosa que la cuchilla y el jabón.

Algunos fabricantes también venden cremas y lociones para eliminar el vello, o depilatorios. (Incluye esta palabra en tu lista de vocabulario de esta semana). Es una crema que contiene productos químicos que rompen las propiedades del vello corporal para poderlo extraer fácilmente del folículo. ¿Por qué usar una crema? Porque no corta. Sin embargo, en mi opinión, hay más razones para no usarlas. Soy reacia a usar demasiada química sobre la piel. Los efectos de este tipo de depilación no son más duraderos que el uso de la cuchilla. Además, las cremas de afeitar suelen tener buen olor, mientas que esta clase de depilatorios apestan.

También se puede optar por aclarar el vello en lugar de quitarlo, aunque esto también implica la utilización de productos químicos, y siguen sin gustarme por mucho que las opiniones vayan y vengan al respecto.

Una técnica más reciente consiste en comprar una pequeña lijadora de mano y usar literalmente la fricción del papel de lija para eliminar el vello. Es una maquinita costosa y, a lo largo de los años, tendrás que reponer un montón de papel de lija. Por alguna razón, el vello eliminado con este método sale a veces más fuerte, así que me parece absurdo. Lo único bueno que podemos comentar sobre el lijado es que también elimina las células muertas y deja la piel suave.

Finamente, quienes sean tremendamente valientes pueden usar pequeñas descargas eléctricas para destruir el vello por períodos de tiempo muy largos… ¡Basta! ¿Descargas eléctricas? No, gracias.

A estas alturas estarás empezando a comprender que mantenerte presentable y saludable a través de una buena higiene requiere esfuerzo. Pero existe un aspecto de la higiene que no hemos tocado, y es el social. En otras palabras, una buena higiene nos ayuda a tener buenas relaciones con los demás, porque no querrán evitarnos por nuestros malos olores.

5. El agua

¿Sabías que beber agua te embellece? Es cierto. Por supuesto, también es importante por otras razones. Te ayuda a digerir la comida, a que circule la sangre, y hasta facilita tu… hmm… "tus visitas al baño". Pero beber también te proporcionará una piel de aspecto sano y reluciente. Después de todo, se trata de un órgano formado por células que están hechas de agua. Necesitan este líquido para un funcionamiento óptimo. Si no bebes suficiente agua, tu piel se podría volver seca e irritada.

Existen dos maneras de cuidar tu cuerpo con agua. ¡Una es beberla! En gran cantidad. Un vaso de doscientos mililitros, ocho veces al día. Tener una botella que indique los mililitros te ayudará a recordar cuánto tienes que beber.

La segunda manera es hidratar tu piel a los dos minutos de salir del baño o de la ducha. En cierto modo, es una forma de sellar el agua en los poros para permanecer hidratada. Utiliza una buena loción hidratante.

Conversación #3
Baño con un jabón oloroso especial o un baño de burbujas

Tema: la higiene

Entorno sugerido: en casa de la abuela o en tu propia casa

Material que necesitarás:

- una bolsita o cestita llena de productos de higiene como desodorante, champú, una cuchilla y gel de baño
- este libro

Para obtener mejores resultados de un fantástico estudio bíblico, puedes hablar de los siguientes temas:

1 Lee 1 Corintios 3:16-17. Según estos versículos, ¿qué es tu cuerpo? (Respuesta: un templo). Un templo es un lugar donde Dios vive, y esto significa que el Espíritu de Dios está habitando en ti. ¿Cómo te hace sentir esto? (Las respuestas variarán).

2. ¿Acaso el Espíritu de Dios mora en todas las personas? (Respuesta: No. Solo en aquellas que le han pedido a Cristo que sea el Señor de su vida. Si tú o tu hija no han tomado esta decisión, lee "El ABC de convertirse en una cristiana").

3. Si Dios vive en nosotros, ¿qué nos dice esto sobre la forma de cuidar nuestro cuerpo? (Las respuestas variarán: Deberíamos limpiarlo, nutrirlo, evitar las sustancias dañinas…).

♥ El ABC de convertirse en una cristiana

¿Qué significa ser cristiana? ¿Ir a la iglesia? ¿Criarse en un hogar cristiano? ¿Qué te digan que eres cristiana? En primer lugar, tienes que entenderlo por ti misma, y a continuación por tu hija. Creer que asistir a la iglesia, ser buena o llamarte cristiana es tu entrada al cielo es un gran peligro si nunca has escogido seguir realmente a Jesucristo en obediencia. Él mismo afirmó ser el único camino al cielo. En Juan 14:6 leemos: "Jesús le dijo: Yo soy el camino, y la verdad, y la vida; nadie viene al Padre, sino por mí". A pesar de ello, muchas personas están confundidas por cosas y actos que no los hace cristianos, ¡como a mí no me convierte en un kiwi hablar con acento neozelandés! Este es el sencillo ABC de convertirse en cristiana.

A—**Admite que eres pecadora.** Una persona debe empezar por la confesión de que ha pecado. Debe arrepentirse de su pecado y desear dejar de hacerlo. Ya sea que esté leyendo novelas de carga sexual, haciendo trampas en su declaración de impuestos, chismeando… todo pecado nos aparta de Dios. Él es perfecto y santo, y por ello no puede estar en presencia del pecado. Romanos 3:23 afirma: "Por cuanto todos pecaron, y están destituidos de la gloria de Dios". Otra vez esta palabra: "gloria". No podemos reflejar la imagen de Dios si hay pecado en nosotros. Y este versículo declara que todos somos culpables.

Si sabes que has pecado, haz una pausa para confesar verbalmente tu pecado a Dios ahora mismo.

B—**Cree que Jesús es el Hijo de Dios y que su muerte en la cruz fue el pago por todos tus pecados.** Tal vez estés familiarizada con Juan 3:16. Ese amado versículo de la Biblia afirma: "Porque de tal manera amó Dios al mundo, que ha dado a su Hijo unigénito, para que todo aquel que en él cree, no se pierda, mas tenga vida eterna". Alguien tuvo que pagar el precio por nuestra pecaminosidad. Dios nos amó lo suficiente como para ofrecer a su Hijo en nuestro lugar. Dios nos ha colmado de un amor generoso e inmenso. Sacrificó a su único Hijo para que pudiéramos vivir con Él. Tan ferviente es su deseo de tener comunión contigo que lo ha dado todo.

Si crees que Jesús es el Hijo de Dios, haz una pausa para decírselo en voz alta.

C —Confiesa tu fe en Jesús en voz alta a Dios y a los demás. Romanos 10:9-10 señala: "Que si confesares con tu boca que Jesús es el Señor, y creyeres en tu corazón que Dios le levantó de los muertos, serás salvo". ¡La salvación requiere tu boca! Debes decirles a Dios y a los demás que Jesús es el Señor de tu vida.

Si quieres que Jesús sea el Señor de tu vida, empieza haciendo una pausa para pedírselo verbalmente ahora mismo. ¡Luego llama a alguien por teléfono y cuéntaselo! Incluso, puedes abrir Facebook y decírmelo a mí. Me encantaría saber que has elevado esta oración y que hoy te has convertido en mi hermana en Jesús. ¡Bienvenida a la familia!

¿Todavía indecisa? ¿Te parece demasiado sencillo? Bueno, hasta las mentes más brillantes resumieron la fe cristiana en conceptos simples. Blaise Pascal, filósofo cristiano, destacado físico y matemático, ofreció lo que ha llegado a conocerse como "la apuesta de Pascal". Básicamente afirmó que decidir si creer o no en Cristo es como hacer una apuesta, porque requiere tener fe. Explicó que creer es, en última instancia, la elección más inteligente. Si apostamos que Cristo es el Hijo de Dios que murió por nuestros pecados y nos equivocamos, acabamos perdiendo algunos placeres terrenales finitos (glotonería, materialismo, promiscuidad, etc.). Sin embargo, si apostamos contra Él y cometemos un error, acabamos perdiendo la bondad infinita (perdemos el cielo en lugar del infierno).

¡Qué inteligente fue Pascal! Es algo a tener en cuenta si todavía no estás segura de lo que crees. En cuanto a mí, no soy jugadora, ¡pero lo estoy apostando todo por Jesús!

Recetas para un spa casero

Si quieres que esta cita sea superdivertida, te sugiero unas cuantas recetas de spa que puedes preparar.

Mascarilla facial de avena y miel

1 taza de yogur natural
½ taza de avena
2 cucharadas de miel
4 rodajas finas de pepino (para los ojos)

Mezcla los tres primeros ingredientes. El yogur podría estar frío en verano, o a temperatura ambiente en invierno. La miel es una gran mascarilla hidratante, pero si la piel es grasa, evítala y añade el jugo de una lima o limón para crear una mascarilla astringente.

Una vez preparada la mezcla, aplícatela en el rostro y túmbate en el sofá o en tu cama. Ponte las rodajas de pepino sobre los ojos para deshincharlos. Disfruta del tratamiento durante 10–15 minutos.

Prepárense para reírse tontamente o a carcajadas mientras disfrutan de esto, pero también aprovecha el tiempo para conversar con tu hija sobre la importancia de limpiarse la cara, a medida que se acerca la pubertad.

Retira la mascarilla con una toalla pequeña y húmeda, calentada en el microondas. (Asegúrate de que no esté demasiado caliente antes de usarla).

Bebida Spa Brisa Tropical

1 limón en rodajas
1 lima en rodajas
1 naranja en rodajas
Hojas de menta al gusto

Añade todos los ingredientes a una jarra de agua y déjalo reposar durante una hora aproximadamente. Los sabores crearán una bebida refrescante y saludable que podrás disfrutar durante tus tratamientos de spa.

7

Conversación #4

Tu cabello, una corona

A cabo de cortarme el cabello; unos quince centímetros más o menos.

No me gusta. Queda demasiado corto.

Pero eso no me preocupa, y no derramaré ni una lágrima por ello. La verdad es que ahora estará mucho más sano. Y lo divertido del cabello es… que crece.

¡He progresado mucho, nena!

Cuando estaba en la escuela secundaria, mi madre me hizo la primera permanente en casa. Al parecer, unos cuantos rulos estaban demasiado apretados en la coronilla. Además, nos pasamos un poco con el tiempo. La verdad es que terminamos con un corte y estilo de cabello diferente al que habíamos pensado. Mis rizos inducidos por la química, que me llegaban a los hombros al estilo Nicole Kidman, quedaban, literalmente, rematados por una greña de pelos cortos de un par de centímetros, tiesos como soldados en posición de firme.

Lloré de un modo muy parecido a Autumn, cuando decidió cortarse el cabello, estando en la escuela secundaria. Regresó a casa hecha un mar de lágrimas.

Es lo que hacemos a esa edad. Lloramos por nuestro aspecto.

Está bien… la verdad es que me he preocupado demasiado por mi aspecto en mis años de adultez, aunque no haya llorado. Esta vez no. No por este corte de pelo. Pero sí en ocasiones.

¿Y tú? ¿Te preocupas demasiado por tu cabello?

Un cabello bien cuidado puede ser hermoso. Aun así, el apóstol Pablo nos pregunta por qué. Si una mujer tiene el cabello largo, ¿es esta su gloria?

¿Lo es?

No. Si has prestado atención a nuestras lecciones, sabes bien que *todo* nuestro ser es para la gloria de Dios. Nada es para darnos gloria a *nosotras*. ¡Todo es para Él! (Hablaremos más de este tema en un momento).

Nuestro cabello es una parte del templo de Dios. De hecho, ¡Proverbios indica que las canas son una corona de gloria! Confieso que tengo que luchar para ocultar las mías. ¡Mis herramientas de batalla son un bote de L'Oreal y un poco de papel de aluminio!

> Todo, de pies a cabeza e incluido nuestro cabello, es para su gloria.

¡El cabello es algo divertido! No creo que sea necesario ponernos muy espirituales y profundas porque a mí me guste llevarlo largo, pero mi mejor amiga Suzy lleva el suyo recortado y de punta. Este es un ámbito en el que tú y yo podemos tener nuestras propias preferencias, y pueden ser muy distintas a las de nuestras hijas. Cuando tu dulce nenita viene y te dice que se quiere afeitar un lado de la cabeza y teñirse el otro de color violeta, ¿qué le dices?

Mamá, es un momento perfecto para que tú y yo hablemos del legalismo. ¡Y es que yo quiero que seas una madre que lo rechace! Las normas sin relación conducen a la rebeldía. He dicho muchas veces que, en ocasiones, es necesario que cedamos en nuestras preferencias (¡pero no en los mandatos de Dios!), para que nuestros hijos se enfrenten a los gigantes que Él les haya asignado. ¡Tener normas inflexibles es mucho más fácil, porque la gracia es complicada! Usemos los estilos de peinado como ejemplo mientras ahondamos en el tema del legalismo.

Considera 1 Corintios 11:4-16. (Cuando yo era pequeña, se solía usar de forma legalista en algunos círculos de la iglesia). Este pasaje iba dirigido a una iglesia de Oriente Medio donde —hasta el día de hoy— cubrirse la cabeza se consideraba una forma de mostrar respeto a quienes tuvieran autoridad sobre ti. El punto es que las mujeres (y los hombres) manifestaran respeto y sumisión a Dios, y no que llevaran la cabeza cubierta. La iglesia sentía que era realmente importante que las mujeres se taparan la cabeza, porque era a Dios a quien se debía mostrar sumisión y no a un jefe o a un miembro de la familia, ¡sino al *Dios del universo*! Sin embargo, los hombres y las mujeres se peleaban por esto, porque también simbolizaba que el hombre había sido creado primero y que era la "cabeza" de la mujer.

Aunque esto es cierto, algunos hombres no respondían con amabilidad a las mujeres. ¡Y algunas de ellas estaban tan disgustadas por ello que se afeitaron la cabeza para expresar que nadie estaba a cargo de ellas! (¿Se puede ser más "rebeldes"?). Con el fin de controlar a las rebeldes, quisieron que Pablo estableciera la norma inflexible de que todas las mujeres tuvieran que llevar siempre el cabello largo y cubrirse la cabeza cuando oraran. (¿Cabría más "legalismo"?). Veamos lo que él responde.

....

Todo hombre que hable con o sobre Dios con falta de respeto por la autoridad de Cristo, deshonra a Cristo. Del mismo modo, la esposa que habla con Dios sin mostrar respeto por la autoridad de su marido, deshonra a su marido. Y peor aún, se deshonra a sí misma; es una visión desagradable, como una mujer con la cabeza afeitada. Este es, básicamente, el origen de las costumbres de que las mujeres lleven la cabeza cubierta cuando adoran, mientras que los hombres se la descubren. Mediante estos actos simbólicos, hombres y mujeres, quienes con demasiada frecuencia se enfrentan entre sí, someten su "cabeza" a la Cabeza: Dios.

Por cierto, no interpreten más de la cuenta las diferencias que hay aquí entre hombres y mujeres. Ni el hombre ni la mujer pueden ir por separado ni afirmar prioridad. El hombre fue creado primero, como hermoso reflejo resplandeciente de Dios; eso es verdad. Pero la cabeza en el cuerpo de la mujer eclipsa en belleza la cabeza de su "cabeza", su marido. La primera mujer procedía del hombre, eso es cierto, pero desde entonces, ¡todo hombre viene de una mujer! De todos modos, dado que prácticamente todo emana de Dios, abandonemos estas rutinas de "quién es primero".

¿No estás de acuerdo en que hay algo naturalmente poderoso en el simbolismo: una mujer, con su hermoso cabello que recuerda a los ángeles, orando en adoración; un hombre, con la cabeza desnuda en señal de reverencia, orando en sumisión? Espero que no discutan sobre esto. Todas las iglesias de Dios lo ven así; no quiero que ustedes destaquen como excepción (1 Corintios 11:6-16, MSG).

Básicamente, lo que Pablo está diciendo es que dejen de pelearse sobre *cómo* mostrarle respeto a Dios y los unos a los otros, y que se limiten a demostrarlo. Se negó a tomar partido con una norma legalista sobre el cabello, pero tampoco les dejó salirse con la suya. ¡Lo que "hacían" debía llevarse a cabo con el corazón adecuado!

Respondamos, desde la perspectiva bíblica, a unas cuantas preguntas sobre la práctica de cortarse y teñirse el cabello, porque es una gran oportunidad para aprender y quedarnos tranquilas como madres, mientras enseñamos a nuestras hijas.

¿Es malo cortarse el cabello? Algunos usan 1 Corintios 11:15 para afirmar que no podemos hacerlo, pero esto no es cierto. Pablo escribe: "…*si* la mujer tiene el cabello largo…" (LBLA). "Si" implica que no es un deber, sino una posibilidad. La mujer podría tener el cabello largo o no. Todas no tenemos la suerte de tener una melena abundante y fuerte. Y a muchas les gustaría llevarlo liso y claro. No hay nada de malo en cortarse el pelo en un estilo favorecedor para tu cara y tu figura, y que te haga sentir satisfecha. Nuestro cabello es parte de nuestro cuerpo, así que deberíamos llevarlo arreglado y cuidado, como parte del templo de Dios. ¿Necesitas un corte de pelo? ¡Vamos, "corta, corta"!

¿Es malo teñirse el cabello? La Biblia no nos da instrucciones al respecto, pero sí dice que las canas son una corona. Algunos usan este pasaje para declarar que no debemos teñirnos nunca el cabello. Si te sientes cómoda dejando que el pelo se torne naturalmente gris, muy bien, adelante, y que sea tu corona. Pero la Biblia no prohíbe el tinte en ningún sitio. Si te vas a ver mejor con el cambio de color, y disfrutas del resultado, ¡agarra un bote y hazlo!

Cuando empecé a dirigir los retiros de pureza para niñas adolescentes, conocí a una chica de reluciente cabello rosa. Lo confieso: la juzgué antes de conocerla, esperando encontrarme con un desafío. En vez de ello, descubrí que amaba a Jesús mucho y su expresivo pelo y personalidad abrieron el corazón de otras muchachas para amarle también. Recuerdo haberme dicho a mí misma que si mis hijas querían teñirse el cabello de rosa, violeta o del color que fuera, yo estaría de acuerdo siempre que sus corazones se vieran tan lindos como el de aquella chica.

Cuando Lexi estaba en cuarto grado, me preguntó si podía teñirse el cabello para celebrar que había cumplido un año de educación en el hogar. Sin vacilar le dije que sí, ¡y Lexi disfrutó aquel tiempo de unas mechas rosas como el algodón dulce.

¡Haz lo que quieras con tu pelo, siempre que bendigas al Señor en tu corazón!

Existen dos objetivos para esta conversación. El primero es que ella entienda que todo lo que tiene que ver con su ser glorifica a Dios... hasta su cabello. (¡Y tenemos algunos versículos bastante sorprendentes que demuestran que Dios también piensa en el pelo de ella!). El segundo es que tu hija empiece a pensar en su cuidado capilar y aprenda a hacerlo sola. Gran parte de esta charla será práctica... ¡y divertida!

En estas páginas no proporcionaré un consejo específico respecto al cuidado del cabello, porque puede diferir enormemente según el tipo de pelo que tengas. Más bien me limitaré a mencionar los temas a cubrir. Desarrolla tú misma esta conversación o pídele a una estilista que trate estas cuestiones con tu hija si mantienen este diálogo durante una cita en la peluquería. (Una buena idea, ¿verdad?).

Conversación #4
Un peinado nuevo

Tema: El cuidado capilar

Entorno sugerido: un salón de belleza o una experiencia de peluquería en casa

Material que necesitarás:

- una cita en una peluquería o una creativa experiencia de peluquería en casa, en cuyo caso necesitarás champús, toallas, secador, rulos, horquillas, etc. Si lo haces en casa, asegúrate de mirar las imágenes de algunas de mis adolescentes favoritas en la página 79.
- este libro

Sugiero que tanto tú como tu hija se hagan un nuevo "peinado" durante esta conversación. "Hacer" es la mejor forma de aprender. Encuentra un buen salón de peluquería en tu ciudad o crea uno en tu propia casa. Haz una cita para cortar, teñir o peinar. Usa esta actividad para atraer la atención de tu hija hacia su cabello y explícale que puede glorificar a Dios incluso con su pelo.

Para obtener mejores resultados, puedes hablar de los siguientes temas:

1. Lee 1 Corintios 11:15. ¿Dice Dios que nuestro cabello sea para nuestra gloria? (Respuesta: No. ¡Solo es una especie de cubierta!). Sabiendo que el propósito de nuestro cuerpo es glorificar a Dios, ¿qué dice esto sobre nuestro cabello? (Respuesta: Puede y debe glorificar también a Dios).

2. Si ser marcadamente mujer es parte de glorificar a Dios (como vimos en anteriores conversaciones), ¿cuáles son algunas formas en que tu cabello puede ayudar a que tu cuerpo glorifique a Dios? (Las respuestas variarán, pero deberían incluir estas: Mi cabello debería verse femenino para que se note claramente que soy una chica. Puedo estar limpia y bien acicalada para destacarme por ello. Cuando escojo un peinado o un color, mi intención no debería ser la de glorificarme a mí misma).

3. ¿Sabías que Dios te presta tan especial atención que hasta tus cabellos están contados? ¿Cuántos crees que tienes? (Déjala adivinar. Tenemos entre 90.000 y 150.000 pelos en la cabeza).

Lavado. Habla sobre la frecuencia con que debería hacerse, qué tipos de champú y acondicionador usar y cualquier detalle anterior o posterior al lavado, dependiendo del tipo de cabello. (Por ejemplo, alguien con el cabello seco y rizado podría tener que aprender a desenredarlo antes o después del champú).

Secado. Conversa sobre la forma más saludable de secarse el cabello (al aire) y por qué es adecuado, a veces, utilizar un secador (porque le da un aspecto más acabado y limpio). Aconséjala sobre el uso del secador para su tipo de cabello.

Corte. Según el tipo de cabello y las finanzas de la familia, ¿con qué frecuencia debería cortarse el cabello? ¿Cuáles son los beneficios de hacerlo?

Peinado. Dale algunas ideas divertidas sobre cómo peinarse. Aquí tienes algunas imágenes de otras chicas y breves instrucciones sobre cómo lograr cada estilo.

1 Alayna • Trenza ilusión sirena con una vuelta.

Haz una trenza francesa en el centro de la parte posterior de tu cabeza. Entrelaza las mechas cuatro veces y luego divide el cabello en dos partes para hacer dos trenzas de espiga (se divide el cabello en dos partes en lugar de tres). Esconde las puntas por debajo y asegúralo a la base del cuello con horquillas.

2 Mya • Trenza en cascada.

Es similar a la trenza francesa, pero en vez de incorporar un nuevo mechón de cabello a ella, deja caer el que estás trenzando y sigue con otro nuevo. Puedes encontrar instrucciones detalladas en la siguiente página web: http://es.wikihow.com/hacer-una-trenza-en-cascada.

3 ZaanuYa • Pom-Poms.

Divide tu cabello desde el centro de la frente hasta la nuca. Recoge con un coletero o banda cada parte bien apretada, justo por encima de cada oreja (de izquierda a derecha: Sorochi, Maruchechi y ZaanuYa).

4 Carolina • Adorno con coleta baja lateral.

Diadema elástica adornada con el pelo recogido en una coleta baja lateral.

8

Conversación #5

La comida, tu carburante

Cuando Lexi estaba en la escuela elemental, sufría mucho dolor de estómago. Sencillamente, nunca se sentía del todo bien. Y puesto que estoy siendo más sincera de lo que a ella le gustaría, debo decir que a menudo estaba de mal humor y era difícil de manejar cuando no se sentía bien. (Traducción: desobediente). Su estado de ánimo parecía directamente vinculado a su alimentación, pero yo no sabía exactamente qué le pasaba. Solo sabía que algo no iba bien.

Tras numerosas visitas a muchos doctores, seguíamos sin un diagnóstico preciso.

Finalmente oré.

¡Es interesante lo valientes que podemos llegar a ser las madres cuando nos arrodillamos! Volví a mi médico de cabecera y le dije: "Estoy harta de tanto viaje para hacer una sola prueba cada vez, mientras mi hija continúa sufriendo. Supuestamente se la está tratando, pero nada funciona. ¿No podría usted ordenar varias pruebas y que se las haga en un solo día, y así resolveremos esto de una vez? ¡Lleva dos años enferma!".

Sin una sola pregunta respondió que sí y nos fuimos directamente al hospital para todo un día de pruebas.

Lo supe cuando lo descubrimos. Lo leí en el rostro de la enfermera. La prueba de aliento que le hicieron a Lexi para comprobar la intolerancia a la lactosa estaba por las nubes y más. La enfermera no había visto nunca antes una lectura así. No más lácteos para Lexi Gresh.

¡Pocas semanas después era sumisa, dulce, divertida y se sentía fenomenal!

¿Requiere tu plan de comidas cierta disciplina? Tal vez a tu cuerpo, como al mío, no le guste demasiado el trigo (más sobre este tema en un momento). Tal vez como Lexi, no puedas beber leche. O quizás sepas muy dentro de ti que vivir de Doritos y pizza no es el mejor plan de Dios para ti, pero acabas devorándolos continuamente frente al televisor. Confiésale cualquier área de debilidad y ora: "Señor, ayúdame a recordar que nos has dado la comida para que actúe como carburante".

Durante esta conversación empezarás a establecer el fundamento sobre el cual podrás ayudar a tu hija a construir hábitos alimentarios saludables. Hay algo muy importante que todas (yo incluida) debemos entender:

La comida es carburante, no entretenimiento.

Las chicas usan la comida con demasiada frecuencia para reducir el aburrimiento y no por hambre. Planeamos nuestras reuniones sociales en torno a la comida. La gente de la Biblia también lo hacía, pero desconozco si la pasta con salsa, el pan de ajo y la tarta de queso figuraban en el menú de la última cena. Además, las comidas especiales eran menos comunes en la Biblia y su organización sumamente laboriosa; no era algo habitual. Vivimos en una sociedad que convierte los banquetes en una actividad casi diaria. Si no somos cuidadosas, las comidas especiales empezarán a ser rutinarias e iremos ganando unos cuantos kilos extra cada mes.

En nuestra cultura occidental pensamos en la comida como entretenimiento y no como carburante. Lo he recordado mientras escribía este libro. Estamos remodelando nuestra cocina, ¡porque la vieja granja que compramos tenía lo que, sin duda, fue el primer microondas jamás inventado y un horno con los cables saliendo por los laterales! En estos momentos, mi refrigerador está fuera, el grill se encuentra a una buena distancia de la casa y el microondas está en el dormitorio. Durante estas semanas, la comida es supersencilla: es carburante y, ni por asomo, un entretenimiento.

Ayer me declaré "mentalmente hambrienta". ¡Me apetecía tanto comer algo elaborado y divertido! Y creo de verdad que nuestra cultura occidental alimenta esta fascinación. En muchos países en los que he trabajado, nunca he visto tentadores carteles que anuncien filetes como aquí, esos en los que parece oírse el chisporroteo cuando voy conduciendo por la autopista. (Que conste que defino esas vallas publicitarias como "porno alimentario").

¡Ay! ¡Tenemos un problema!

En los Estados Unidos, la obesidad infantil ha aumentado a más del doble entre los preadolescentes y al cuádruple entre los adolescentes desde que tú y yo éramos niñas. Se clasifica como exceso de grasa corporal, y los factores genéticos tienen un gran impacto sobre ella; sin embargo, hasta los más propensos al sobrepeso pueden controlarlo mediante comidas saludables. En los Estados Unidos, alrededor del 17.7% de los niños de 6 a 11 años son obesos. Pero lo que me preocupa más es que el riesgo para tu hija aumenta a medida que se acerca a la adolescencia. Al menos el 20.5% de los jóvenes de 12 a 19 años tienen sobrepeso. Esto hace más probable que desarrollen enfermedades cardíacas, la diabetes tipo 2, un derrame cerebral, diversos tipos de cáncer y osteoartritis. Estas cosas no la afectarán hasta que sea mucho más mayor, pero el exceso de peso causa otros problemas más inmediatos. Ahora mismo podrías verla luchando contra el insomnio, dolores de hueso o articulaciones, desafíos sociales y una baja autoestima.[1] Ninguna madre quiere esto para su hijo/a, pero es lo que podríamos estar fomentando cuando servimos carbohidratos simples y *brownies* en lugar de brócoli y guisantes.

¡Claro que, a veces, nuestras hijas no comen lo suficiente! Perdóname que ahonde en un párrafo de *Seis maneras de conservar "la pequeña" que hay en tu hija* que mencioné en el capítulo 1.

En el 2006, *Good Housekeeping* informó que el 80% de las niñas de 10 años de edad han seguido una dieta y que el 34% de las niñas preadolescentes reconocieron que han reducido la cantidad que comen sin decir nada a su madre.[2] El *Washington Post* lamentaba el creciente número de pacientes cada vez más jóvenes en las clínicas alrededor de la nación donde se tratan los desórdenes alimentarios. "'Hace una década, los pacientes del Children's National Medical Center, que padecían trastornos alimentarios, tenían alrededor de los 15 años', declara Adelaide Robb, directora de la unidad de psiquiatría para pacientes hospitalizados. 'Hoy nos llegan niños con solo 5 o 6 años'".[3]

El porcentaje de niñas que sucumbirán a los trastornos alimentarios no es alto, pero sus efectos suponen un riesgo tan elevado que toda madre necesita saber a qué debe estar atenta y cuándo. La anorexia —seguir una dieta demasiado estricta o no comer en absoluto— afecta tan solo al 1% de las jóvenes. Sin embargo, se encuentra entre los desórdenes psiquiátricos más difíciles de tratar. Y, mientras la bulimia —atiborrarse

---

1. Citado en "Childhood Obesity Facts", Centers for Disease Control and Prevention, www.cdc.gov/healthyyouth/obesity/facts.htm.

2. *Good Housekeeping*, 1 de agosto, 2006.

3. Stacy Weiner, "Goodbye to Girlhood," special to *Washington Post*, 20 de febrero, 2007, www.oneangrygirl.net/goodbyetogirlhood.html.

y purgarse— empieza en general en la escuela secundaria o en la universidad y en chicas que podrían sufrir cierto nivel de depresión, la anorexia suele manifestarse en las preadolescentes más brillantes y exitosos en los estudios. Con esto no se puede jugar, y aquello a lo que esté expuesta tu hija entre los 8 y los 12 años puede reducir el riesgo… o aumentarlo.[4]

¿Cómo puedes saber si tu hija está luchando con la anorexia (negarse a comer) o la bulimia (obligarse a vomitar después de comer)? Observa estas señales y visita a tu médico si estás preocupada.

- negativa a comer
- temor a ganar peso
- imagen negativa de sí misma
- ejercicio excesivo
- ánimo apagado o carencia de emoción
- irritabilidad
- obsesión porque un alimento se toque con otro en su plato

Seamos proactivas con la comida e inculquemos aptitudes en nuestras hijas para una alimentación saludable. No permitamos que los hábitos de comer en exceso y las peligrosas mentiras del mundo respecto a la imagen corporal devoren a nuestras hijas.

¿Podemos hablar un momento sobre nosotras? ¿Estamos siendo buenas administradoras de nuestro cuerpo en lo respecta a la ali-

4. Dannah Gresh, *Six Ways to Keep the "Little" in Your Girl* (Eugene: Harvest House, 2010), p. 32-33. (*Seis maneras de conservar "la pequeña" que hay en tu hija*, Centros de Literatura Cristiana).

mentación? Sé que yo soy culpable de un gran fallo en esta área. (En un momento explicaré cómo me ha afectado).

La obesidad está siendo investigada como vínculo potencial con la depresión y los trastornos del ánimo. En un estudio efectuado durante 28 años sobre 58.000 individuos con sobrepeso, más del 50% luchaba con la depresión. Los investigadores descubrieron, asimismo, un relevante impacto negativo sobre la memoria y la función cognitiva (piensa: Alzheimer y demencia), así como trastornos respiratorios y musculoesqueléticos (piensa: asma y artritis). Y las mujeres se enfrentan a un riesgo especial: es más probable que luchemos contra la infertilidad si nuestro índice de masa corporal (IMC) está por encima de 24. (Por supuesto, las mujeres con un ICM inferior a 20 también tienen probabilidades de lidiar con la infertilidad. Se puede estar demasiado delgada. No estoy defendiendo el exceso de ejercicio o de dieta, ¡sino el vivir de forma saludable!).[5]

Mi mayor preocupación no es la salud por la salud. Nuestros cuerpos son templos del Dios vivo. Deberíamos cuidarlos mejor, para poder honrar y servir a aquel que vive en nosotras.

Permíteme compartir contigo un poco de mi propia lucha y añadir esta advertencia: consentirse demasiadas calorías vacías no siempre se ve como gordura. Yo tengo unos kilitos de más y, de vez en cuando, parece que llevo un flotador debajo de los pantalones; pero no estoy tan gorda. No obstante, algunas personas más rellenitas que yo están más saludables. Lo fundamental no es lo que indique la balanza, sino lo que tu cuerpo esté intentando comunicarte. Mi cuerpo me hablaba a través de mi estómago y de los problemas respiratorios.

Tras una lucha de por vida con lo que yo denominaría un estómago nervioso, decidí hacerme un chequeo. El doctor me prescribió un medicamento permanente para controlar los sín-

---

5. Estadísticas citadas en "Obesity Prevention Source," Harvard School of Public Health, www.hsph.harvard.edu/obesity-prevention-source/obesity -consequences/health-effects/.

tomas y afirmó que no se podía hacer nada más. Esto fue hace tres años.

El año pasado sufrí un grave ataque de asma. Fue tan importante que, cuando estaba grabando un nuevo video para enseñar mi primer libro, *Y la novia se vistió de blanco,* tuve que tomar fuertes esteroides orales solo para poder hablar sin toser. Unas cuantas semanas después, el médico añadió esteroides nasales y otros más que tenía que aplicar con un inhalador para que llegaran a mis pulmones. ¡Chica, estaba inflada! El doctor volvió a decirme que aunque superaría los síntomas, no había cura infalible para mis pulmones.

No podía hablar ante una audiencia sin usar antes los inhaladores. Si lo intentaba, me entraba un ataque incontrolable de tos en el escenario.

Los efectos secundarios no tardaron en pasarme factura: dolores de cabeza, aumento de peso, terribles dolores musculares, insomnio y muchos más.

"No puede ser que tenga que vivir así —oré—. Señor, ayúdame".

Aproximadamente una semana después, me encontraba en el Tabernáculo de Brooklyn para una reunión y decidí quedarme al culto de oración. Me apetecía tanto disfrutar de la maravillosa adoración que tendría lugar en media hora que decidí sacar un analgésico. Pero, entonces, el Espíritu Santo me regañó con toda claridad. Era como si me estuviera diciendo, en el silencio de mi mente: "Dannah, estás en una casa de sanidad. ¿Por qué quieres recurrir al ibuprofeno?".

Me revestí de humildad y me dirigí al altar de oración donde una encantadora dama, que creyó que mi nombre era Mary, escuchó mi historia y oró con suave autoridad. Recuerdo una frase como si la hubiera pronunciado hace unos minutos: "Señor, sana los pulmones de Dannah en la medida que ella los use para alabarte". ¡Qué orden de marcha me dio! Volví a mi asiento y adoré a todo pulmón.

Salí de aquel culto sintiéndome totalmente sanada. Sin dolor de cabeza. Sin toser. Ni siquiera me dolía el cuerpo como antes. ¡Y había adorado sin reservas, usando mis pulmones sin el inhalador! Antes, esto habría sido del todo imposible.

A la mañana siguiente me desperté sintiéndome otra vez enferma. Fue entonces cuando Dios me empujó a empezar a tratar la enfermedad de mi estómago y de mis pulmones de un modo distinto. Empecé investigando y enterándome de que tanto mi "estómago nervioso" como mi asma estaban provocados por los carbohidratos simples, sobre todo los productos derivados del trigo blanqueado. También descubrí que, aunque terriblemente difícil de entender, el asma puede ser un trastorno autoinmune que trata el exceso de moco como invasor y lo ataca, produciendo un impacto negativo en los pulmones. Los productos lácteos empeoran los mocos. Fue una muy mala noticia para esta chica amante de los carbohidratos y adicta a los helados.

Confieso que he sentido vergüenza por haber pedido una pizza y habérmela comido yo sola. O por haber comprado un cartón de helado para una pequeña reunión familiar y habérmelo comido en un solo día casi sin ayuda. Mi aburrimiento vespertino suele suavizarse con una caja de macarrones con queso, seguida de un *waffle* con una cantidad copiosa de mantequilla y azúcar en polvo. (¡Lo hice anoche!). En resumen, aunque no tenía sobrepeso, mi cuerpo me enviaba su propio mensaje en código Morse: "¡Aléjate de los carbohidratos! Repito, ¡aléjate de los carbohidratos!".

No te recomiendo que hagas lo que yo hice a continuación, y te ruego que consultes con tu médico antes de considerar seguir mi ejemplo. Pero dejé todos los medicamentos de golpe.

Empecé también un nuevo plan de comidas más saludable y basado en las verduras, y me apunté para oración y unción en mi iglesia local. (Lee Santiago 5:14 si el concepto de ser ungida con aceite para sanidad es nuevo para ti. Es una instrucción básica para la iglesia que se suele pasar por alto).

La primera semana, sin medicinas y comiendo de forma saludable, fue algo inestable. Seguía tosiendo mucho. Pero entonces, los ancianos de mi iglesia oraron por mí y me ungieron con aceite, como indica la Biblia. Literalmente, desde ese día no he vuelto a tener ni un solo síntoma relacionado con el asma. (He descubierto que si como trigo o carbohidratos simples, soy propensa a calambres de estómago casi de inmediato. ¡Pero he decidido que consentirme de vez en cuando con mi pizza favorita, Faccia Luna, merece la pena!).

Y la mejor noticia es que soy más feliz. No me había dado cuenta de que toda esa comida poco saludable (aunque innegablemente deliciosa) afectaba mi estado de ánimo. Una pizza es, sin lugar a dudas, un yunque que mi carente falta de voluntad ata a mi actitud, hundiéndola hasta la tenebrosidad más profunda y oscura de mi estado de ánimo. (Una buena razón para permitírmela justo antes de acostarme. Hmm, está bien… estoy transigiendo, pero no puedo imaginar mi vida sin pizza. Al menos de vez en cuando). No consumir carbohidratos hace que me sienta más feliz, más motivada y con más energía.

Dios sana. Y a veces se sirve de la comida para ello.

La moraleja de la historia: Yo estaba colaborando con el enemigo de mi cuerpo y mi alma permitiéndome carbohidratos vacíos y azúcares en exceso. Esto me estaba impidiendo servir al Señor sobre el escenario, y es probable que me hiciera aflojar el ritmo en todo el trabajo administrativo y de escritura que Él me asignaba. Pero desde que utilizo la comida como carburante y no como entretenimiento, me he convertido en un templo más eficaz que puede servir al Dios que habita dentro de mí.

Sin duda tienes tu propia historia. La mayoría de nosotras la tiene. Comemos demasiado. O no lo suficiente. Hasta podemos contribuir a una mala nutrición por un exceso de ejercicio. Te pido que consideres el impacto que tus hábitos alimentarios tendrán en tu hija ya que ella ve y aprende de ti cada día.

Aquí tienes un ejemplo de conversación para que le eches un vistazo cuando le enseñes a tu hija que la comida es carburante.

Madre: Así como nuestro auto necesita gasolina para funcionar, nuestros cuerpos también. ¿Qué ocurriría si no llenara el tanque de carburante?

Hija: No funcionaría.

Madre: Con tu cuerpo sucede exactamente lo mismo. ¿Te has sentido alguna vez exhausta, por no haber comido? ¿Y has comido alguna vez algo y te has sentido llena de energía?

Hija: (Las respuestas variarán).

Madre: La comida es el carburante de tu cuerpo. Cuando llega la hora de cenar, es como conducir hasta una gasolinera para llenar el tanque. ¿Sabías que existe más de un tipo de gasolina para autos? Una de mala calidad o de menos octanos hará que mi auto rechine y se detenga. También está el diésel, y mi vehículo no funcionaría con él. Nuestros cuerpos también prefieren un cierto tipo de carburante. Tenemos que ser cuidadosas con lo que nos comemos. ¿Adivinas qué tipos de alimentos son un buen carburante?

Hija: (Las respuestas variarán, pero guíala a estas: vegetales, carnes, fruta, nueces… cualquier cosa natural creada por Dios para comer).

Mamá: Leamos Génesis 1:29 y veamos lo que Dios dijo que era buen carburante para nuestro cuerpo. Dice: "Y dijo Dios: He aquí que os he dado toda planta que da semilla, que está sobre toda la tierra, y todo árbol en que hay fruto y que da semilla; os serán para comer". Cuando Dios creó la tierra y les dijo a

Adán y Eva lo que tenían que comer, ¿qué incluyó en la lista?

Hija: (Respuesta: vegetales, fruta y semillas).

Madre: ¡Correcto! Dios nos creó para poder comer vegetales, fruta y semilla. ¿Qué comemos que no figura en la lista?

Hija: (Las respuestas variarán: carne, pasteles, pan…).

Madre: ¡Correcto! ¿Sabes cuándo empezó la humanidad a comer carne? Tras el diluvio de Noé (Génesis 9:4). No había muchos árboles, verdura ni semillas, así que Dios permitió a los seres humanos empezar a comer carne. Sin embargo, no era su mejor plan. Fue una concesión, pero con una restricción: Noé y su familia podían comer la carne, pero no debían beber la sangre. Dios nos permite comer muchas cosas como concesiones, pero diseñó nuestro cuerpo para que se alimentara de vegetales, fruta y semillas. Dime, ¿qué te parece todo esto? ¿Te resulta nuevo? ¿Extraño? ¿Familiar?

Hija: (Las respuestas variarán).

Mamá: Me gustaría que intentáramos comer un poco mejor, alimentarnos de vegetales, fruta y semillas, porque es lo que Dios tenía en mente cuando creó los primeros cuerpos humanos. Empecemos desde ahora.

Conversación #5
Preparar una ensalada y un batido

Tema: La comida como carburante

Entorno sugerido: la cocina

Material que necesitarás:

- artículos de supermercado para tu batido favorito y tu ensalada preferida (ver recetas en este capítulo o usa una de las tuyas)
- este libro

Mantén esta conversación mientras están en la cocina preparando los batidos y las ensaladas. Pueden charlar a la vez que disfrutan de sus creaciones. Este diálogo es bastante sencillo y se puede modificar usando la información de este capítulo que puede resultarle útil a tu hija y sirve también para tu protocolo nutricional familiar. Tu hija podría pasarlo bien ayudándote a decidir qué cocinar y acompañándote a comprar.

Para una mejor conversación, pueden hablar de los siguientes temas. Se trata mayormente de una revisión, pero como este podría ser un nuevo concepto para tu hija, deberíamos asegurarnos de que lo haya procesado todo de manera cuidadosa, incluso que comer carne, pastel, caramelos y este tipo de cosas no es pecado ni está mal. Sencillamente, no es lo que mejor la alimenta.

1. Lee Génesis 1:29. ¿Qué planeó Dios originalmente que comiéramos? (Respuesta: Fruta, vegetales y semillas). ¿Cuáles son algunas de tus frutas, vegetales y semillas favoritas? (Las respuestas variarán).

2. ¿Significa esto que no podamos comer nada más? (Respuesta: No. Dios nos ha permitido comer carne desde el diluvio de Noé).

3. La carne es una concesión, como los pasteles o los helados. ¿Sin qué otras concesiones alimentarias no podrías

pasar? (Las respuestas variarán: Doritos, caramelos, *brownies*...).

Recetas de batidos y ensaladas

Pepino cremoso con eneldo

Mi madre solía hacer una versión de esto para mí cuando yo era niña, y no podía esperar a la siguiente vez que lo hiciera. Es bastante fácil para que tu hija lo prepare sola.

1 pepino en rodajas (con o sin piel)
1 cucharadita de eneldo
1 taza de yogur de vainilla
2 cucharadas de miel
1 cucharada de vinagre

Mezcla los tres últimos ingredientes. Vierte la mezcla cremosa sobre los pepinos y rocía el eneldo por encima.

Ensalada de lazos de zanahoria

Esta es muy divertida de hacer. Es una versión de la vieja ensalada de zanahoria y pasas, pero resulta más divertida con los lazos de zanahoria. En algunos momentos del año, incluso puedes conseguir zanahorias violetas, amarillas y rojas, y no solo las naranjas. Esto hace que la ensalada sea aún más divertida.

2/3 taza de pasas
3-4 zanahorias
1 taza de piña triturada y escurrida
1/3 taza de mayonesa
1 cucharada de jugo de limón
½ cucharadita de sal
1 cucharada de azúcar, o hazla más saludable con unos
    toques de sirope de agave.

Pela las zanahorias y usa el pelador para crear lazos. Mézclalos en un bol con la piña y las pasas. Mezcla bien los cuatro últimos ingredientes y viértelos por encima. ¡Qué rico!

Ensalada de taco

Acostúmbrense a la comida sana con una sencilla noche de ensalada de taco. Ambas pueden hacer su propia ensalada, pero anímala a probar algunos de los ingredientes extrasaludables. Yo suelo evitar la lechuga iceberg, aunque es deliciosa; las hojas verdes más oscuras son mucho más saludables. Pero algunas veces cedo y compro la iceberg para la ensalada de taco.

1 bolsa de lechuga variada, prelavada
½ kg de carne picada de ternera o pavo, guisada con
     especias para taco
1 tomate picado en cubos
1 aguacate fileteado
1 lata recién abierta de frijoles negros sin calentar
1 paquete de 200 gr de queso cheddar rallado
Salsa
Crema agria o aderezo estilo *ranch*
Presenta todos los ingredientes y diviértanse preparando su
     propia ensalada de taco.

Cerebrito de arándanos

¡Este es un batido de verdad! Incluye ingredientes conocidos por la ayuda que aportan a la función cerebral. A tu hija le encantará si le gustan los arándanos y las almendras, que son los dos sabores dominantes.

1 taza de arándanos congelados
1 taza de jugo (manzana, granada, uva blanca o uva son
     los que funcionan mejor)
1 cucharada de germen de trigo
¼ taza de almendras
1 aguacate pelado y sin hueso

Mézclalo todo en una batidora a velocidad máxima. Salen dos pequeños batidos. ¡Salud!

Batido de fresa y plátano rápido y fácil

1 ½ taza de jugo de naranja
1 plátano mediano maduro, pelado y en rodajas
1 taza de fresas o frambuesas congeladas
½ taza de leche o leche de almendras
2 cubitos de hielo machacados
1 cucharada o un toque de sirope de agave

Mezclar y servir. Es una versión superfácil y rápida de un batido favorito de los niños. No contiene lácteos si usas leche de almendras.

9

Conversación #6

El ejercicio, tu fuerza

Mi dulce Autumn vino a nosotros cuando tenía trece años, pero más parecía tener nueve.

Su cuerpecito era muy delgado, su carita parcheada y su columna vertebral parecía querer ceder. Caminaba y se sentaba en un constante estado de abatimiento y desánimo. Me daba la impresión de estar luchando con algo más que la dureza de la vida. Su pequeño cuerpo no era lo bastante fuerte para mantener su cabeza erguida, como si fuera una bola de bolera demasiado pesada para ella.

Y era exactamente así. Una visita al médico nos hizo saber que se encontraba en el mínimo del tres por ciento de peso para su altura y edad. Aquella cabeza era un cráneo pesado para el diminuto cuerpo que la sostenía. Teníamos que fortalecer a nuestra pequeña muñeca de porcelana. ¡Y pronto! Autumn bordeaba la malnutrición.

Mi plan habría sido sentarla en una habitación y alimentarla hasta que no pudiera comer más, pero el doctor nos explicó que necesitaba músculos y no solo grasa corporal. Le prescribió un buen programa de ejercicios acompañado por vitaminas y un plan nutricional.

¿Correr? Ella se negó.

¿Pasear al perro? Lo hizo sin ganas.

¿Unirse a mí en el programa de la famosa entrenadora Jillian Michaels? No le atraía.

¿Fútbol? ¡Le encantó!

Tras una sola temporada jugando al fútbol en la escuela y consumiendo comidas nutritivas, Autumn Gresh mostraba una piel saludable, su peso era el recomendable, llevaba la cabeza más alta y, además, tenía buenos recuerdos de este tiempo de recuperación.

Simplemente, tardamos un poco en descubrir el tipo de ejercicio que le gustaba hacer.

¿Cómo se siente hoy tu cuerpo? ¿Estirado, tonificado y fuerte, o con dolores, estrés y tensión?

En algún momento de los últimos años de mis hijos en la escuela elemental, me di cuenta de que me dolía el cuerpo. No eran las molestias resultantes de un gran ejercicio, sino ese dolor de estar demasiado tiempo sentada.

En mis años de universidad fui fiel al ejercicio unas cinco veces a la semana. Más adelante, cuando nació mi primer bebé, intenté hacer ejercicio, pero solo una o dos veces por semana. Entonces llegó mi bebé número dos. ¿Ejercicio? ¿Quién lo necesita cuando tienes que andar persiguiendo a un niño pequeño y otro que gatea?

Ellos *son* el ejercicio rutinario.

Hasta que tu hija alcanza la preadolescencia, lo más probable es que sea naturalmente activa, y tú dedicas todo tu tiempo y todas tus energías a ella y al resto de los pequeños en la familia. Pero a medida que tus hijos adoptan un estilo de vida más maduro y sedentario, resulta fácil caer en el mismo hoyo. Y es exactamente eso: un hoyo. Si no empiezas a cuidar tu cuerpo, no tendrás la fuerza suficiente para hacer todo lo que Dios tiene previsto para ti.

Y esto también es así para tu hija.

Podría escribir aquí un artículo largo sobre los beneficios del ejercicio. Podría lanzarte mantras: "Suda hoy, sonríe mañana". (¡Este me sacó de la cama a las seis y media a principios de semana para ir al gimnasio con un pequeño grupo de mi iglesia!). Sin embargo, no pretendo que hagas ejercicio para tener mejor aspecto o sentirte más positiva. Hay algo mucho más importante en juego. El ejercicio es una disciplina espiritual.

En Gálatas 5:17, el apóstol Pablo escribe: "Porque el deseo de la carne se opone al Espíritu, y el del Espíritu se opone a la carne; y éstos se oponen entre sí, para que ustedes no hagan lo que quisieran hacer" (rvc).

Entre tu carne y el Espíritu del Dios vivo se libra una batalla. Dos maestras de las que he disfrutado, Jenny y Taylor Gallman, lo expresaron así en una ocasión: "Tu carne y tu espíritu (que albergan al Espíritu de Dios) son como dos luchadores de sumo. El que recibe más alimento de ti siempre será el más fuerte y vencerá". Alimentar tu espíritu y poner a tu carne en servidumbre y sumisión en las pequeñas cosas te aseguran la victoria en los asuntos mayores. Y hay mucho en juego.

Pablo prosigue: "Pero si ustedes son guiados por el Espíritu, no están ya sujetos a la ley. Las obras de la carne se manifiestan en adulterio, fornicación, inmundicia, lascivia, idolatría, hechicerías, enemistades, pleitos, celos, iras, contiendas, disensiones, herejías, [21] envidias, homicidios, borracheras, orgías, y cosas semejantes a éstas. Acerca de ellas les advierto, como ya antes les he dicho, que los que practican tales cosas no heredarán el reino de Dios" (Gá. 5:18-21, rvc).

Nuestra carne no desea por naturaleza hacer aquello que glorifica a Dios, sino que con facilidad se esfuerza en deshonrarle. Abandonadas a nuestra suerte, dormimos en lugar de levantarnos para leer la Palabra. Vemos programas de televisión que llevan a nuestra mente a reírse del humor sexual en vez de honrar el lecho matrimonial. Nos permitimos demasiado alcohol en lugar de tener la convicción del dominio propio… y la lista sigue y sigue. En lugar de glorificar a Dios con nuestro cuerpo, contribuimos en gran medida a negarle. Lo que quiero que tú y tu hija entiendan durante esta conversación es esto:

¡Tu espíritu tiene un trabajo que hacer —glorificar a Dios—, así que adopta esta actitud de inmediato!

Durante las temporadas en que yo obligaba a mi cuerpo a la sumisión —levantándome a leer la Palabra, negándome a los donuts y haciendo ejercicio con regularidad—, mi espíritu controla y usa mi cuerpo para glorificar a Dios. Cuando mi espíritu está practicando el dominio propio e ignora a mi cuerpo en estas pequeñas cosas, soy capaz de vencer en las grandes batallas de la tentación con mayor facilidad. Cuando dejo que sea mi carne la que tome el control —y lo hago a veces—, mi capacidad de glorificar a Dios está en riesgo.

Tu hija está a punto de entrar en unos de los años más arriesgados de su vida. La lista anterior de Gálatas incluye cosas en las que muchos adolescentes caen: borrachera, celos, arrebatos de ira, envidia, rivalidades... ¡en fin!

Ayuda a tu hija a ganar las batallas con antelación al enseñarle que su espíritu controla a su cuerpo y no a la inversa.

Aquí tienes un ejemplo de conversación que podrías usar mientras hablas de este tema con tu hija. Mantén esta charla durante una excursión o después de hacer ejercicio si este no es propicio para conversar.

Madre: ¿Te gusta hacer ejercicio?

Hija: (Las respuestas variarán).

Madre: (Dile a tu hija cómo te sientes respecto al ejercicio y qué necesidades prácticas puedes tener para hacerlo: reducir o mantener tu peso, controlar el estrés, socializar, etc.). Pero la razón más importante para hacer ejercicio tiene que ver con el dominio propio para poder obedecer a Dios y glorificarle con mi vida. De lo contrario, a mi cuerpo le gusta tener el mando. Quiero dormir cuando tendría que levantarme temprano, o comer un montón de pizza justo antes de acostarme, porque me aburro. ¿Te has sentido así alguna vez?

Hija: (Las respuestas variarán).

Madre: En 1 Corintios 9:27 (NTV) leemos: "Disciplino mi cuerpo… lo entreno para que haga lo que debe hacer". Mira, si mi cuerpo es el templo de Dios (¿recuerdas que hablamos de esto?), ¡debo asegurarme de que no sea mi cuerpo quien mande, sino el Espíritu de Dios! Esto significa que mi espíritu tiene que encargarse de mi cuerpo y no a la inversa.

Tal vez resulte difícil de entender, pero hace poco aprendí algo que me proporcionó una buena ilustración. Tu cuerpo y tu espíritu (que albergan el Espíritu de Dios) son como dos luchadores de sumo. Aquel al que alimentes más será siempre más fuerte y vencerá. Cuando tu cuerpo quiere dormir hasta bien tarde, pero tu espíritu sabe que te tienes que levantar y ocuparte de ti antes de ir a la escuela, tu carne y tu espíritu pelean entre sí. ¡Si dejas que gane tu espíritu, es como si le dieras de comer! Pero quedándote en la cama alimentas a tu cuerpo. Tienes que disciplinar tu cuerpo para mantenerlo bajo control. ¿Se te ocurre algún momento en que no querías hacer algo, pero sabías que era necesario y fuiste fiel en cumplirlo, haciendo caso omiso del deseo de tu cuerpo?

Hija: (Las respuestas variarán. Si ella no recuerda ningún momento, ayúdala un poco, pero hazlo de modo que sea su propio descubrimiento).

Madre: Realmente quiero ayudar a mi espíritu a practicar el control de mi cuerpo. ¿Qué te parece si hacemos un acuerdo de una semana? Podríamos disciplinar nuestro cuerpo juntas por medio del ejercicio y levantándonos un poco más temprano para leer la Biblia y tener nuestro devocional.

Esta conversación comenzará a establecer la base para ayudar a tu hija a adoptar hábitos de ejercicio saludables para que su espíritu, y no su cuerpo, tenga el control de ella. Quiero animarte a ti y a tu hija a participar en el reto de una semana de ejercicio y tiempo devocional. Mira la sección: "Reto del espíritu frente al cuerpo" que comienza en la página 127. Todos los devocionales vienen con una idea diaria de ejercicio que tú y tu hija pueden hacer juntas.

Conversación #6
Desafío a practicar ejercicio

Tema: El ejercicio como fuerza

Entorno sugerido: una excursión en la montaña o un paseo por la playa o un camino de tu vecindario.

Material que necesitarás:
- cualquier tipo de material que puedas necesitar para el entorno específico que hayas escogido (ver más abajo para algunas ideas)
- este libro

Tu objetivo principal en este desafío es experimentar las emociones de hacer ejercicio y acelerar el ritmo de tu corazón, mientras conversan sobre por qué es importante. Escoge un ejercicio que sea fácil y divertido para tu hija. Para que puedas empezar, te propongo algunas ideas de caminatas divertidas. Elige la opción que mejor te parezca u otra actividad cardiovascular que puedan disfrutar juntas. Agarren todo lo que necesitan y salgan a pasarlo bien.

Para una mejor conversación, pueden hablar de los siguientes temas:

1. Lee 1 Corintios 9:27. Según este versículo, ¿qué hizo el apóstol Pablo a su cuerpo? ¿Qué significa esto? (Respuesta: Disciplina. Significa enseñar el control).

2. ¿De qué forma puedes entrenar tu cuerpo para que obedezca a Dios? (Las respuestas variarán. Pueden incluir levantarse de la cama a tiempo, hacer ejercicio, comer de una forma correcta, escoger obedecer a Dios cuando no le apetezca, etc.).

3. ¿En qué cosas te gustaría rendir cuentas, porque sigues luchando con tu cuerpo para el control de esas áreas? ¿Algo relacionado con la comida o quizás con tu horario? (Las respuestas variarán: Cuida de no ser tú quien la guíe y deja que sea su espíritu el que haga ese trabajo… ¡y el Espíritu!).

♥ Ideas para hacer excursionismo

Excursión a la montaña

Caminar por la montaña es una tremenda actividad aeróbica que hace bombear tu corazón y fortalece tus músculos. Quema calorías y puede ayudarte a perder peso. El cóctel de sustancias químicas que invaden tu cerebro incluye la adrenalina y las endorfinas que podrían hacer que, en realidad, te sintieras con más energía después de la caminata.

Lo sentirás al día siguiente en los músculos de tus pantorrillas, tus glúteos, en el tendón de las corvas y en los cuádriceps. Por tanto, te recomiendo mantener el ritmo de la caminata en un nivel adecuado, según tu condición física y la de tu hija.

- No demasiado activa: Escoge una pendiente muy suave y programa una caminata corta.

- Muy activa: Asume algo más desafiante y date un poco más de tiempo. Asegúrate de llevar y beber mucha agua, sobre todo si estás a mayor altura.

El material que necesitas incluye…

- botas de caminar o zapatillas de deporte de buena calidad
- botellas de agua
- una merienda energética como barritas de granola o proteína

Pasear y nadar por la playa

Caminar por la arena quema más calorías que hacerlo por la calle. Tus pies se hunden en la arena y requieren un mayor esfuerzo de tus músculos. ¡Y la vista es preciosa!

Necesitarás tomar unas cuantas precauciones además de recordar ponerte protector solar. La arena puede producirte llagas en los pies si caminas largas distancias; asegúrate de llevar un buen calzado. Y, puesto que al inclinarse la playa se inclina en una dirección, el ejercicio de tu cuerpo puede quedar desequilibrado. Por tanto, te sugiero que recorras la mitad del trayecto en una dirección y des la vuelta. Así te aseguras de que ambos lados de tu cuerpo se ejerciten de igual manera. Acuérdate de hacer estiramientos antes de empezar, porque la tensión de la arena en tus piernas, pies y los músculos de los glúteos será mayor.

Premio: Después de caminar, refréscate en el agua nadando un poco.

El material que necesitarás incluye…

- calzado de caminar o sandalias de caminar con correas
- traje de baño
- botellas de agua
- protector solar

Reto del espíritu frente al cuerpo

Rétate cada día a disfrutar de un breve devocional juntas y un poco de ejercicio. Encontrarás las ideas para el reto de cinco días a partir de la página 127.

Firma este "Reto del espíritu frente al cuerpo". Ponlo en la puerta del refrigerador o en el espejo del cuarto de baño para que tú y tu hija lo puedan ver a diario, cuando se preparan para empezar el día.

> Disciplino mi cuerpo... lo entreno para que haga lo que debe hacer (1 Corintios 9:27, NTV).

Nosotras, _____ y _____, intentaremos pasar _____ minutos al día, durante los próximos cinco días, haciendo ejercicio y antes de ello dedicaremos un tiempo a la oración en silencio y a la lectura de la Biblia. Si una de nosotras falta un día, esa persona hará _____ para la otra.

Estas son algunas de las cosas que pueden hacer la una por la otra si fallan más de dos días:

- limpiar el armario de la otra persona
- darle un masaje de pies y hacerle la pedicura
- sacar al perro a pasear cuando le toque a ella
- limpiar los platos mientras la otra se relaja

Firmado:_____ Fecha:_____

Firmado:_____ Fecha:_____

10

Conversación #7

Tu cuerpo, fuente de vida

Sucedió en Sydney, Australia.

En el noveno cumpleaños de Lexi, nuestra familia estaba visitando la Catedral de San Andrés, cuando ella se interesó por la palabra "virgen".

"¿Por qué se le llama a María 'la Virgen'? —preguntó—. ¿Qué significa?".

Había llegado el momento de una gran charla. De alguna manera yo había imaginado que podría controlar el momento y el lugar en que sucediera. (Quizás otro año y en casa, donde tenía todos esos libros con imágenes).

De vuelta al hotel, compartí con ella los hechos básicos de crear vida, pensando para mis adentros que lo había manejado bastante bien. Nada me podría haber preparado para lo que siguió.

Lexi estalló en una risa histérica y siguió riéndose tontamente durante un buen cuarto de hora, ¡rogándome que le dijera que ningún ser humano de este planeta intentaría jamás algo tan absurdo como *eso*!

Mamá, ¡esta conversación es importantísima! La conversación para la que todas queremos tener un libro que nos ayude.

(Sin embargo, en realidad ninguna de nosotras necesitamos uno. ¡Todas sabemos cómo quedarnos embarazadas!). Trataremos la explicación básica de la menstruación y el ingrediente necesario que debe acompañar su llegada: el chocolate. Pero también te proporcionaré los apuntes para empezar una conversación sobre el acto sexual. Si tu hija tiene 10 años o más, ya es hora de que lo hagas. Incluso puede ocurrir que una niña más pequeña esté ya preparada para esta parte de la conversación.

He leído material casi de todos los psicólogos cristianos o expertos en la familia que pululan por ahí, y todos coinciden en que la gran charla sobre sexo tiene que tener lugar mucho antes de que, en general, los padres nos sintamos cómodos manteniéndola. ¿Qué ocurre si esperas? Jimmy Hester, fundador del movimiento True Love Waits [El verdadero amor espera] y editor de *Christian Sex Education* [Educación sexual cristiana] basado en la Biblia, escribe: "Hacia los 10 u 11 años, muchos niños que no han recibido instrucciones adecuadas sobre la sexualidad se angustian y se preocupan sobre lo que es real. Suelen haber oído algunas cosas de otros niños de su edad".[1] Si lo primero que escuchan sobre el tema son chismes de lo que sus compañeros saben y de otras fuentes, lo más probable es que también se estén llenando de pensamientos cargados de valores sobre el sexo. "Es divertido y lo puedes hacer cuando quieras". "No tienes por qué estar casada". "Es para hombres y mujeres, hombres y hombres, mujeres y mujeres". Ya me entiendes.

Tienes que iniciar la conversación sobre sexualidad cuando tu hija tenga entre 6 y 10 años.

Respira hondo. Que no te sorprenda ver en adelante palabras como "vagina", "pene" y "coito". De todas formas, ya sabes cómo funciona. Solo estoy aquí para ofrecerte un poco de apoyo moral y, tal vez, para empujarte desde el borde del arrecife conversacional, en

1. Jimmy Hester, ed., *Christian Sex Education* (Nashville: Lifeway, 1995), p. 42.

caso de que te pongas nerviosa. Estoy casi segura de que podrías mantener esta conversación sin mi ayuda. Después de todo, eres madre. Y no lo fuiste solo por mirar a un hombre.

Antes de empezar, aquí tienes unos cuantos consejos. Te estoy presentando la forma en que compartí la idea del periodo con mis hijas y me encantaron los resultados. No se asustaron, estaban confiadas y hasta fueron capaces de celebrar la llegada de la *menarquía*, el nombre apropiado para la primera menstruación.

Empieza con una conversación sobre la belleza de la capacidad de su cuerpo para crear vida. No hables todavía de las compresas y los tampones. Empecemos por un lugar menos obvio. ¿Por qué no buscas información ahora mismo? Deja un momento el libro y busca tu computadora y escribe en Google "fotos de bebés en el útero". Prepárate para maravillarte.

Muchas madres hablan sobre la función básica del periodo, pero no llegan a explicar *por qué* lo tenemos. La primera menstruación de tu hija es una señal de que Dios la está preparando para que un día sea mamá. Este hecho te proporciona una maravillosa oportunidad para usar la entrada de tu hija al mundo de la mujer como una herramienta para la formación de valores respecto al prodigio de ser madre.

A continuación, enséñale las fotos que encontraste de bebés en el útero, y acompáñalas de cualquier pensamiento específico que tengas sobre cuando la llevaste en tu vientre, si tuviste ese honor. Yo lo viví con Lexi, pero a Autumn la llevó otra mamá, así que celebramos a una mujer que no conocemos porque le dio vida. Y hablamos de ella con mucha gratitud. A una madre adoptiva le resulta fácil hablar de la belleza de la elección que hizo la madre biológica. Dios te guiará en la selección de las imágenes a compartir y te ayudará a ordenar tus pensamientos sobre la maternidad.

Después de contemplar esas maravillosas imágenes, regálale una canastita o bolsa llena de las cosas que necesitará para su primer periodo. Puedes incluir todo lo que te parezca importante que sea parte de tu sistema de valores sobre el cuidado personal.

Asegúrate de dedicar el tiempo necesario a la explicación de cada artículo y por qué lo incluiste.

Por ahora, es suficiente con llegar hasta aquí en la conversación. Sin embargo, sigue adelante si ella está preparada para más. Si tiene entre 10 y 12 años, créeme que lo está.

♥ Ideas para una cesta con cositas de niña

Minicompresas
Compresas normales
Analgésicos para adolescente
Espray corporal
Chocolate
Compresas calientes para aplicar sobre el vientre
Una nota de bienvenida al mundo de la mujer

Estate preparada para responder preguntas sobre cómo llega el bebé al vientre de la madre. La buena noticia es que, la mayoría de las veces, tus hijos preguntarán cuando estén preparados para escuchar la mecánica básica de la sexualidad. Si tienen menos de 6 años, escoge con cuidado tus palabras, pero sin decir ninguna mentira. Por lo general, a esa edad no tienen un desarrollo bastante maduro para una breve lección de concepción, pero puedes contestarles con esta explicación: "A veces, el marido y la mujer quieren mostrarse cuánto se aman. Cuando lo hacen, se abrazan de una manera especial y preferiría hablarte de esto cuando seas un poco más mayor". Desde este punto, la conversación debería fluir a cosas para las que sí están preparados, como dónde crece el bebé. Por ejemplo: "Después de abrazarse de esta manera tan especial, ¡un bebé suele empezar a crecer dentro de la mamá! Es un momento muy emocionante para la familia".

Si tu hija tiene más de 6 años, y sobre todo si supera los 9, podría ser tiempo de explicar la historia con más detalles.

Sé precisa y explícita. Por supuesto, no quieres ser indiscreta ni vulgar. Pero es importante que expliques los hechos sencillos con palabras reales. Podrías decir algo como lo que sigue.

....

> Cuando un marido y su mujer quieren demostrarse cuánto se aman, usan un regalo que Dios les ha dado, llamado sexo. Están a solas y están desnudos. Dios nos dice que no tienen necesidad de cubrir sus cuerpos cuando están casados, y que pueden disfrutar abrazándose y tocándose el uno al otro. Durante este tiempo, se abrazan muy estrechamente, y el marido puede colocar su pene en la vagina de la esposa. Este acto es la forma especial de Dios para que el esperma del hombre entre en la mujer y los óvulos que hay en su cuerpo puedan ser fertilizados. A esto se le llama coito. Así se hacen los bebés.

....

Sé positiva si quieres ser la experta consejera sobre sexo para tu hija en los años venideros. ¡El sexo es un gran regalo de Dios, y cuando se hace un uso correcto del sexo, no solo es placentero, sino también santo! Llenar a nuestros hijos con el mensaje negativo de "no practiques el sexo" no sirve de nada, porque cuando sus deseos de adolescentes o nuevas preguntas los desconcierten, ya no vendrán a ti en busca de respuestas. Recurrirán a fuentes que no hayan tratado el sexo como un tabú.

¿Cómo puedes ser positiva ahora? Comunicando la verdad de que el sexo es un gran regalo para un marido y su esposa, incluso si tu corazón ha sido destrozado por el pecado sexual. La Palabra de Dios, y no nuestra experiencia, es el estándar de la verdad. Y Él dice que el sexo es bueno. ¡Adán y Eva estaban desnudos y no se avergonzaban!

Mientras tú y tu hija disfrutan del chocolate, conversa con ella sobre el hermoso regalo que Dios les ha dado a las mujeres:

crear vida. No he puesto por escrito esta conversación. Tendrás que desarrollarla basándote en la edad de tu hija y su preparación. Puedes usar casi todo el contenido de la primera parte de este capítulo para formar tu propia conversación.

Te ofrezco aquí una lista de algunos recursos recomendados si quieres un apoyo adicional.

Paquete completo de planificación

Passport2Purity Getaway Kit por FamilyLife [Pasaporte a la pureza – Kit de escapada a la vida familiar]

Este maravilloso recurso se describe mejor como una escapada de fin de semana que puedes hacer con tu hijo o hija. (Los padres se llevan a los niños; las madres, a las niñas). Lo he venido recomendando a los padres durante casi 10 años y siempre lo ponen por las nubes después de usarlo. Se ha actualizado recientemente (solo disponible en inglés).

Libros

Serie "El plan de Dios para el sexo" de Stan y Brenna Jones
Habla claro con tus hijos sobre el sexo de Josh y Dottie McDowell

Estos libros serán grandes herramientas para que la conversación sea concienzuda y fácil. Los libros de Stan y Brenna Jones incluyen viñetas de dibujos animados de las partes del cuerpo y de los bebés.

DVDs

DVD de Concordia Publishing House, *How You Are Changing* [¿Cómo estás cambiando?].

Destinado a niños de entre 10 y 15 años, este DVD guía la conversación sobre cómo tanto niños como niñas cambian entre esas edades. Se centra en lo que Dios afirma sobre sus cuerpos y sobre el sexo (solo disponible en inglés).

Conversación #7
Muerte por chocolate

Tema: el periodo y (posiblemente) el sexo

Entorno sugerido: la cocina, o una tienda o fábrica de chocolate

Material que necesitarás:

- ingredientes para tu propia noche de chocolate en casa, si escoges esta opción. (Ver más abajo para ideas de chocolate).

- una cesta o bolsa de regalo llena de compresas, analgésicos, espray corporal y chocolate

- fotos de un bebé en el útero (puedes encontrarlo en línea)

- este libro

Para obtener los mejores resultados, pueden hablar de las siguientes cosas.

1. Lee Juan 16:21. ¿Duele tener un hijo? (Respuesta: Sí. Es un gran esfuerzo para el cuerpo). ¿Recuerda la madre el dolor? (Respuesta: No. Lo olvida y solo recuerda el gozo. Podrías explicar cómo ha sido la experiencia en tu propia vida).

2. ¿Cómo te sientes al pensar que tendrás el periodo en los próximos años? (Las respuestas variarán. Ayúdala a centrarse en el regalo positivo de su ciclo menstrual).

3. ¿Tienes más preguntas sobre cómo crea tu cuerpo la vida? (Esto es importante, independientemente de que ya hayan mantenido la conversación sobre el sexo. Podría ser el empujón que ella necesita para preguntar lo que está pensando realmente. Si ya han hablado del tema, podría sentirse más cómoda haciendo preguntas al respecto. Es importante que seas tú la persona

a quien ella recurre para información relacionada con el género y el sexo, así que asegúrate de que ella sepa que puede preguntarte cualquier cosa en cualquier momento).

♥ Ideas y recetas para citas con chocolate

Fábrica de chocolate

Visiten una pequeña tienda de chocolate o una gran fábrica de chocolate, y aprendan sobre el tema. Asegúrate de que disfrutan con la degustación. Llévate una bolsa a casa para compartir con Papá.

Fondue de chocolate en un restaurante

Restaurantes especializados en fondue de chocolate tienen unas muy ricas. Asegúrate de hacer una reserva.

Hoguera de chocolate

Si hace buen tiempo, podrías considerar encender una hoguera y hacer *s'mores* (galleta digestiva tipo Graham con chocolate y malvavisco). Aquí tienes mi consejo para el mejor *s'more* del mundo. Busca una piedra limpia y colócala cerca del calor del fuego. Pon tu galleta y el chocolate sobre la piedra para que se calienten mientras asas tu malvavisco. Cuidado que el chocolate no se ponga líquido. ¡Delicioso!

Recetas sencillas y económicas

Si quieres una opción más asequible para la noche de chocolate, escoge una divertida actividad o receta con chocolate para elaborarla con tu hija. Tendrás otra noche en la cocina para ampliar su destreza y tendrán mucha intimidad para la conversación.

Muffins de chocolate

Prepara esta receta fácil y disfruta de los *muffins* mientras estén calientes, para que los trocitos de chocolate estén blandos.

½ taza de mantequilla
½ taza de azúcar superfina
2 huevos
1 taza de harina
2 cucharaditas de cacao en polvo
1 cucharadita de levadura Royal (o bicarbonato sódico)
¾ taza trocitos (chips) de chocolate

Precalienta el horno a 180º. Engrasa seis moldes de muffins o usa seis cápsulas de papel en la bandeja. Mezcla la mantequilla y el azúcar en un recipiente hasta que la mezcla quede cremosa. Añade los huevos y mezcla bien. Agrega la harina, el cacao y la levadura, y vuelve a mezclar bien. Incorpora los trocitos de chocolate. Vierte la masa en los moldes con una cuchara. Hornea de 15 a 20 minutos o hasta que, al pincharlas con un palillo, este salga limpio. Déjalos enfriar antes de comerlos. (Al menos un poco).

♥ ¿Debería ponerse mi hija la vacuna Gardasil contra el VPH?

Con frecuencia evito responder a las preguntas sobre la vacuna contra el virus del papiloma humano que los Centros para el Control y Prevención de Enfermedades recomiendan para niñas y niños de entre once y doce años (aunque también se les puede administrar a niñas de nueve años). No soy una profesional de la medicina, de modo que no tengo la preparación necesaria para aconsejar al respecto. Habla con varios profesionales antes de tomar una decisión, porque hay diversas opiniones. Aquí tienes unos cuantos hechos y algunos enlaces relacionados con las opiniones que yo busqué. (Yo personalmente esperaré un poco más antes de decidir si administrar la vacuna a mis hijas que tienen hoy poco más de veinte años. Por ahora, elijo no hacerlo).

Qué es el VPH

El VPH es la enfermedad de transmisión sexual más corriente en los Estados Unidos. Es un denominador común en todos los casos de cáncer de cuello de útero. Existen de 30 a 40 cepas del virus. El cuerpo humano es capaz de eliminar la infección. El 70% de los casos desaparecen dentro de un año y, al cabo de dos años, el 90% ya han desaparecido. Del restante 10%, alrededor de la mitad de estos experimentarán un cáncer cervical en 10 a 15 años. La citología se utiliza para detectar las células precancerosas. El cáncer cervical (o de cuello de útero) tiene tratamiento.

¿Qué es Gardasil?

Gardasil es la marca en Estados Unidos de una vacuna que protege a las personas de cuatro de las muchas cepas del VPH. Estas cuatro cepas son responsables del 70% al 75% del cáncer cervical (dependiendo de la fuente que se cite). Parece un gran número, de manera que es importante considerar más de cerca el riesgo del cáncer cervical. De cada 100.000 mujeres, 8 padecerán el cáncer cervical cada año, y esto resultará en 1,9 a 3,7 muertes. Una muerte ya es demasiado, por lo que no se debería escatimar esfuerzos en prevenir estos fallecimientos. Pero también es necesario preguntar sobre la eficacia del Gardasil y los riesgos para cada persona, antes de tomar la decisión final.

¿Cuáles son los riesgos del Gardasil?

Los Centros para el Control y Prevención de las Enfermedades y la Organización Mundial de la Salud afirman que este fármaco es seguro. Sus informes declaran que entre junio del 2006 y marzo del 2013, solo 21.194 personas que recibieron la vacuna reconocieron haber sufrido reacciones adversas. La mayoría de ellas se consideraron "nada graves". Según los defensores de la vacuna, el único eslabón débil del plan para eliminar el cáncer cervical es que "los doctores no están alentando a sus pacientes a vacunarse". La pregunta es ¿por qué?

Muchos grupos estadounidenses han señalado en declaraciones públicas que el fármaco es peligroso. Los informes sobre las reacciones adversas van desde mareos y dolores de cabeza a convulsiones. Japón ha retirado su apoyo al medicamento. El ministerio de la Salud, Trabajo y Bienestar de ese país no retirará la vacuna, pero tampoco seguirá recomendándola y quienes la reciban deben ser advertidos sobre el alto riesgo de las reacciones adversas. El ministerio ha etiquetado como "adversos" unos 1.968 casos en Japón, y considera muchos otros "graves", incluidos síntomas de dolor a largo plazo, entumecimiento, infertilidad y parálisis. En agosto del 2013, el equivalente a la Administración de Productos Alimentarios y Farmacéuticos concluyó que el fabricante de Gardasil no probó, de forma adecuada, el impacto del fármaco en el sistema reproductor de las mujeres. Un informe en el *British Medical Journal* informó sobre fallo ovárico prematuro en una joven de dieciséis años como resultado de la vacuna.

¿Qué deberías hacer?

Deberías hablar con tu hija pronto y de manera concienzuda sobre el riesgo del sexo fuera del matrimonio. Y, antes de que sea sexualmente activa, necesita considerar contigo si su conducta la pone a ella y a otros en riesgo de contraer una enfermedad de transmisión sexual.

La decisión de ponerle la vacuna a tu hija o no es difícil. No permitas que nadie te diga que es muy clara. No lo es. Pero es evidente que el sexo fuera de la relación comprometida de toda una vida tiene un riesgo extremadamente alto.

11

Conversación #8

Tu cuerpo, un sacrificio

Mi primer bebé llegó con una experiencia adicional: ataques de pánico.

El primero me tomó por sorpresa.

Mientras alimentaba a mi bebé muy tarde en la noche, me di cuenta de que mi vida no volvería a ser la misma. Esa criatura iba a controlarlo todo, incluido mi sueño. Jamás volvería a estar sola, o eso pensaba. Abrumada por la responsabilidad de todo ello, rompí a llorar y desperté a mi esposo con mis sollozos. Hecha un mar de lágrimas, apenas podía pronunciar palabras que le explicaran qué me ocurría. Francamente, yo tampoco lo sabía.

Pulsamos el botón de avance rápido y transcurren tres años y medio. Llega mi segundo bebé.

Lo vi venir.

En lugar de ponerme a llorar cuando la sensación de angustia me oprimía la garganta, me dirigía con calma al baño, cerraba la puerta y oraba.

"Señor, me siento abrumada por todo lo que esperas de mí, pero tú me has confiado a esta niñita. Ayúdame a conocer el gozo de sacrificarme yo, mis planes y mi tiempo para esta tarea.

Apacigua los intentos del enemigo por alimentar el egoísmo a través de la ansiedad y el temor. En el nombre de Jesús, amén".

Cuando me venían los ataques de estrés, ya no lloré como lo había hecho después de nacer mi primer hijo Robby. Soy consciente de que algunas mujeres necesitan más ayuda de la que Dios me concedió en mi necesidad, pero recuerdo una cosa: yo seguía estresada.

Y también me acuerdo de que oré mucho en aquel cuarto de baño. Allí fue donde empecé a aprender la verdad de sacrificar mi cuerpo.

El principal *propósito* de tu hija es glorificar a Dios (1 Corintios 6:20).

La *práctica* principal de tu hija, pues, debe ser parecerse a Él y lo hace mejor en el contexto de la masculinidad o la feminidad distintivas (Génesis 1:26-27).

Por tanto, el cuerpo de tu hija debe ser un sacrificio vivo para Dios (Romanos 12:1-2).

En tan solo unos pocos años (o quizás unos breves meses), tu hija será una adolescente y ambas lucharán con constantes y difíciles mentiras sobre su cuerpo, su género y su sexualidad. En última instancia, estas nos impiden practicar el acto de glorificar a Dios (ver conversación #2), que establecimos como nuestro propósito en la vida (ver conversación #1). Me gustaría terminar nuestro tiempo juntas considerando la dura verdad: esto requiere sacrificio. Permíteme revisar lo que compartí contigo en el capítulo uno de este libro, pero esta vez desde la perspectiva de tu hija.

En definitiva, Dios escoge cómo vivimos la práctica de glorificarle. Esto ha sido una tremenda bendición en mi vida, pero con sacrificio.

Cuando estaba escribiendo mis primeros libros, Lexi estaba en preescolar y al principio de la escuela elemental. Dios me había llamado claramente para ser una mamá que se quedara en casa y que escribiera libros para ministrar a niñas adolescentes y preadolescentes. Yo no era una mamá que trabajaba con un horario definido, pero tampoco era la típica ama de casa. El resultado fue que me sentía un poco sola. Nunca encajé realmente en una categoría o la otra. Muchas de mis amigas que trabajaban disfrutaban de la hora del almuerzo juntas. Muchas de las que no trabajaban se juntaban para pasear a los niños y hacían la siesta al mismo tiempo que sus hijos. Yo escribía libros mientras mis hijos jugaban felices o dormían, y recuperaba con frecuencia el tiempo perdido cuando los acostaba. Sacrifiqué mi tiempo social para ser obediente a Dios, como madre y como autora.

Mi amiga Holly obedeció al Señor permitiéndole escoger el número de hijos que tendrían ella y su esposo, el pastor Billy. Acabaron siendo ocho criaturas. Hace poco le pregunté cuándo tenía tiempo para sus devocionales y oraciones, a fin de seguir siendo una firme mentora para las mujeres que Dios le había encomendado discipular en su iglesia. Su respuesta: de medianoche en adelante. Me dijo que después de alimentar al más pequeño a esa hora, lo acostaba, y abría su Biblia para tener un tiempo de renovación. Holly sacrificaba su sueño para ser una madre fiel y la esposa de un pastor. (Admitiré ahora que mi sacrificio fue menor. ¡No estoy segura de haber podido entregarle las horas de mi sueño a Jesús!).

Mi amiga Laurel, miembro de nuestra junta, obedeció al Señor abandonando una posición bien pagada y de gran poder en el mundo corporativo, cuando Dios la llamó para que se quedara en casa y fuera una esposa y madre a tiempo completo. No todas las madres reciben este llamado, y tampoco pueden hacerlo; pero Laurel fue llamada y su esposo tenía una profesión que le proporcionaba a ella la posibilidad de dejar su empleo. Su sacrificio ha incluido suspender su profesión durante muchos años —posiblemente dos décadas— para centrarse en ser una madre fiel y usar sus aptitudes en posiciones de voluntaria, incluido servir en mi junta.

Sin duda estás pensando en tus propias luchas y sacrificio justo ahora. Afrontaste algunos con valentía, con mucha fuerza y otros con una rabieta o dos. (No soy inmune).

Como mujeres, glorificar a Dios en nuestro cuerpo requiere sacrificio.

Me gustaría que le infundieras esta verdad a tu hija a temprana edad. Dios es el único que decide cómo trabajamos, vivimos, damos, gastamos, nos casamos y adoramos. Nosotras no.

Anteriormente en este libro compartí contigo parte de la investigación que Nancy Leigh DeMoss y yo descubrimos respecto a las niñas adolescentes antes de escribir *Mentiras que las jóvenes creen y la verdad que las hace libres*. Una de las mentiras más prevalentes que las adolescentes cristianas tienden a aceptar es que "tener una profesión fuera del hogar tiene mayor valor y da más satisfacción que ser esposa y madre". Estos dos papeles están bajo ataque en nuestra cultura. Y la iglesia no está ayudando a nuestras hijas a aceptar la idea de dejar que sea Dios, y no la cultura, quien establezca el rumbo de sus vidas. En 1987, solo el 20% de cristianos creían que las madres no deberían enfatizar los roles del matrimonio y la maternidad para sus hijas. En 2007, esta cifra llegó al 47%. Yo creo que este es un cambio trágico. Yo renunciaría con gusto a mi carrera de autora —con el permiso del Señor— para ser la esposa de Bob y la madre de Robby, Lexi y Autumn.

Ahora la buena noticia. Lo que tu hija haga ahora afectará a su futuro. Así que enséñale ahora que el sacrificio es fundamental, y ella lo vivirá como tú y yo hemos aprendido a hacerlo.

Lo que tu hija haga ahora afectará a su futuro.

Toda profesión requiere sacrificio. ¡Tal vez ninguna más que la de madre! Pero tu hija lo ve a diario, así que deja que se vea en el sitio de alguien que tenga una profesión distinta que pudiera interesarle. (Sé que esto suena contrario al propósito de esta conversación, pero ten un poco de paciencia. Enseguida sabrás hacia dónde me dirijo). Nuestro objetivo en esta conversación sobre las profesiones es ayudar a tu hija a empezar a internalizar la verdad de que su cuerpo es un sacrificio vivo para Dios. Él es quien manda.

Conversación #8
Un día de las profesiones

Tema: Tu cuerpo debería ser un sacrificio vivo.

Entorno sugerido: una oficina o entorno profesional que le interese a tu hija (una oficina de veterinario, una caballeriza, el departamento infantil de una iglesia, un parque de bomberos, un gimnasio...)

Materiales que necesitarás:
- una cita con alguien cuya profesión fuera de interés para tu hija
- un cuaderno con preguntas escritas (ver más abajo)
- este libro

Durante este reto tienes dos metas. La primera consiste en presentarle a tu hija una profesión emocionante que pueda interesarle en el futuro. El segundo propósito (y más importante) consiste en poner ante ella el acto de sacrificar su cuerpo en obediencia al llamado de Dios en su vida.

Programa una cita para que ella sea la aprendiz de alguien que tenga una profesión que a ella le pueda interesar. Después de una visita al lugar de trabajo donde haya ayudado a vender un coche, ensillar un caballo, pintar una pared o cualquier otra cosa, deja que se siente y entreviste a la persona de la que está aprendiendo. Con antelación, escribe estas preguntas en un cuaderno para que ella pueda hacerlas a la otra persona y tomar notas.

¿Qué es lo que más te gusta de tu profesión?

¿Qué es lo que menos te gusta?

¿Cómo preparas o cuidas tu cuerpo para este campo de trabajo?

¿Qué sacrificios has realizado en el pasado por esta profesión?

¿Qué sacrificios haces de forma continua por esta profesión?

Luego conversa con tu hija acerca de la visita. Para obtener los mejores resultados, pueden hablar de los siguientes temas.

1. Conversa sobre la entrevista, con énfasis en los sacrificios que la persona ha realizado y seguirá haciendo. (Las respuestas variarán, pero, en mi propio llamado a mi profesión-ministerio, los sacrificios incluyen trabajar en fines de semana o vacaciones para cumplir los plazos, levantarme a las tres de la mañana para tomar un vuelo e ir a hablar a algún lugar, y estar fuera de casa durante largos periodos de tiempo. Tengo que cuidar mi cuerpo haciendo ejercicio; de lo contrario, usar la computadora me causa tensión en el cuello. También tengo que comer de forma adecuada o no tendré la energía necesaria para levantarme temprano y viajar. Cuidar de mi cuerpo forma parte del sacrificio, porque no me gusta hacer ejercicio ni controlar lo que como, pero sé que debo hacerlo para estar saludable).

2. Lee Romanos 12:1-2. ¿Qué significa ser "un sacrificio vivo"? (Respuesta: significa renunciar a cosas como el sueño, el tiempo libre o los pasatiempos para poder ser disciplinada y obediente).

3. ¿Cómo puedes tú —una preadolescente— practicar ser un sacrificio vivo hoy para poder ser obediente a Dios en la profesión a la que te llamará algún día? (Las respuestas variarán, pero pueden incluir ayudarte a lavar los platos cuando se lo pides, mantener su habitación limpia para poder encontrar las cosas, acabar con sus deberes antes de ver la televisión y levantarse lo bastante temprano para cuidar de su cuerpo antes de ir a la escuela, cepillarse los dientes, el cabello, tomar un baño si fuera necesario, etc.).

4. *La pregunta más importante:* ¿Sabes cuál es mi profesión? (La respuesta podría ser "mamá", o tal vez

mencione a tu trabajo fuera de casa. De un modo u otro, aprovecha este momento para explicarle que tu profesión como esposa y madre es lo más importante que haces, y que te gusta más que cualquier otra profesión que hayas tenido jamás y que preferirías dedicarte a ello a expensas de cualquier otra profesión del mundo. Explícale los sacrificios que has hecho por esto. Incúlcale el entusiasmo por la profesión más extraordinaria del mundo: ser madre).

Reto del espíritu frente al cuerpo

Utiliza esta actividad de cinco días junto con el material en el capítulo 9, conversación #6: "El ejercicio, tu fuerza".

Reto del espíritu frente al cuerpo
Día uno

ESPÍRITU

Caminar con Dios

Lectura bíblica: Gálatas 5:16-25

> Si vivimos por el Espíritu, andemos también por el Espíritu (v. 25).

Trigg es el caballo más dulce del mundo y el sueño de toda mi vida hecho realidad. Desde que era una niña, quería un caballo y soñaba con que fuera un palomino; y es el más hermoso de los palominos. Tiene el cuerpo de color bronce oscuro, y contrasta con su clara melena rubia. Una vez escribí que sus ojos son cálidos y atractivos, rodeados de piel color negro azabache, suave como el terciopelo. Es un Tennessee Walker, así que tiene un paso regular y es verdaderamente divertido montarlo.

Al caballo le gusta cuando salimos a pasear por los senderos, y vemos a los pavos salvajes alzar el vuelo, a los ciervos saltar por los maizales y, de vez en cuando, un zorro astuto. Nada importa el fuerte y confiado paso de mi caballo. Está hecho para el camino. Aquellos paseos son tan apacibles… bueno, al menos la salida.

Cuando vamos regresando a casa, resulta que a *él* le gusta encargarse de todo: el camino por el que retornamos y la velocidad; cuándo nos detenemos para que mordisquee el trigo, y cuándo trotamos o vamos a medio galope… o galopamos. Su temperamento antes dócil, se vuelve obstinado conmigo y tira del freno por mucho que le duela. Durante tres años le he estado enseñando a dejarme controlar *todos* nuestros paseos. No le gusta.

Sin embargo, lo sigo apreciando.

Cuando sales a pasear con alguien, tienes que tomar muchas decisiones. Primero decides dónde irás. Segundo, decides por qué camino ir, porque puede haber más de uno para llegar al destino. Luego, cuando empiezas a caminar, escoges si lo haces aprisa o lentamente. Hasta determinas cuándo dar la vuelta, si regresas por el mismo camino. Alguien tiene que estar a cargo.

El versículo clave de hoy nos invita a caminar con el Espíritu de Dios.

Si andas con Él, ¿quién crees que va a estar a cargo?

Pues, sí; Él decide dónde vamos, cómo llegamos hasta allí y a qué velocidad.

Mi caballo Trigg me recuerda a mí misma. Cuando Dios me invita a un paseo, soy obediente… al principio. Oro mucho y le dejo mandar. Pero pronto descubro que estoy actuando como Trigg y que voy tirando de las riendas. O me alegra permitir que sea Dios quien decida adónde me puede llevar la próxima vez, siempre que sea yo quien me encargue de todos los detalles. No es fácil para mí dejar que Dios dirija en los pormenores de nuestro paseo.

Recientemente, Él me ha estado enseñando a escuchar *todas* sus instrucciones. Incluso las cosas más insignificantes. No siempre soy tan obediente ni tan conforme como quisiera ser, pero confío en esto: incluso cuando actúo como Trigg de regreso a casa y tiro del freno, Dios me sigue amando.

Su amor me llama a seguir el buen camino.

Charla de chicas
Mamá, comparte lo difícil que es a veces dejar que Dios tenga el control de tu caminar diario. Sé específica.

Hija, háblale a tu madre sobre aprender a caminar con el Espíritu de Dios. ¿Qué significa para ti esta semana, y cómo lo harás?

CUERPO

Pasea y habla

Agarra a tu madre para dar un buen paseo y charlar. Caminar es una gran actividad de cardio. (Eso significa que tu corazón tiene una sesión de ejercicio, ¡y no solo tus piernas!). Además, hablar incrementa el trabajo que hacen tus pulmones y tu corazón. Intensificas los beneficios de la caminata si vas hablando mientras andas.

Objetivo de tiempo
Intenta caminar por veinte minutos.

Reto del espíritu frente al cuerpo
Día dos

ESPÍRITU

Carrera de resistencia

Lectura bíblica: Hebreos 12:1-2

> Corramos con paciencia la carrera que tenemos por delante (v. 1).

En todo el reino animal, los basiliscos tal vez tengan la capacidad de correr más asombrosa de todos. ¡Literalmente corren por su vida!

Estos lagartos viven en México, Centroamérica y Sudamérica, y tienden a dirigirse hacia el agua y con motivo. Cuando se ven amenazados por los depredadores, se ponen automáticamente en modo protección y corren por el agua a la velocidad de metro y medio por segundo. No son muy grandes, así que sus pequeños pies se mueven sin duda a mayor velocidad que los nuestros. De hecho, son tan rápidos que caminan sobre el agua durante unos cuatro metros y medio, y esto les proporciona un mote único. Como Jesús es la única persona que ha caminado sobre el agua, la gente local llama a estas pequeñas criaturas lagartos "Jesucristo".

¿Qué ocurre cuando han alcanzado esos cuatro metros y medio? La gravedad domina y empiezan a hundirse. Pero no tiran la toalla. ¡Siguen adelante! La carrera que han realizado les proporciona una ventaja, y empiezan a nadar con toda su fuerza. No son unos cobardes. Resisten.

La palabra "resistir" puede significar dos cosas. Primero, puede querer decir permanecer en la existencia o durar (que es lo que hacen los lagartos). Segundo, puede indicar sufrir. De una manera u otra, significa un compromiso serio.

Cuando se trata de correr, soy una especie de basilisco. ¡Solo corro cuando algo me quiere comer!

Sin embargo, a mi coautora y maestra principal de Secret Kee-per Girls, Suzy Weibel, le encanta correr. Bueno, no siempre fue así. Empezó a correr al ver que la gente que la rodeaba estaba en forma y se veía saludable. Le dio ganas de resistir —de perseverar y sufrir— hasta que ella también estuviera como ellos. Ahora dice que merece la pena resistir por cómo se siente después de correr. Tal vez yo no llegue a saberlo nunca, pero me inspira a resistir en los ejercicios de los que disfruto mucho. (Hablaré de esto más adelante en otro devocional).

Cuando Dios escribe sobre correr con resistencia en el libro de Hebreos, se está refiriendo a nuestra fe y no a nuestros pies. Nos está diciendo que tenemos que decidir ser una corredora de fe y que será necesario tener una fuerza persistente. Tal vez te canses de vez en cuando, pero no abandones. No tires la toalla.

En mi carrera por permanecer en forma en la fe, a veces no me apetece levantarme temprano para hacer mi devocional. O algunas veces siento que compartir mi fe con alguien requerirá gran esfuerzo. Incluso hay momentos en que dudo de Dios. (Afor-tunadamente, la Biblia está llena de personajes fieles que también lucharon contra esto, así que no soy la única). Cuando llegan momentos de agotamiento y duda, recuerdo el versículo al prin-cipio de esta lectura, y me pongo una pequeña dosis extra de resistencia y sigo corriendo.

¿Qué me dices de ti? ¿Qué decidirás?

Charla de chicas Hablen de lo que significa ser una corredora de fe. ¿Qué te pide Dios que pudiera significar resistir o incluso sufrir? Oren la una por la otra para que puedan ser fieles y resistir.

CUERPO

Alternar correr y caminar por un kilómetro y medio

Correr no es fácil si justo estás empezando, pero he aprendido que hasta yo soy capaz de disfrutar de alternar correr y caminar. Establezco mi meta en cuanto a tiempo y distancia, y empiezo a correr. Cuando me canso demasiado, no abandono, sino que voy caminando hasta sentir que vuelvo a tener fuerzas. De este modo, aguanto. Tomen la decisión hoy de correr un kilómetro y medio. Caminen en algunos momentos del recorrido si lo necesitan, pero perseveren hasta el final.

Objetivo de tiempo
Las personas más rápidas del mundo recorren un kilómetro y medio en unos cuatro minutos. Los corredores experimentados promedio lo hacen en siete a diez minutos. Si es su primera vez, concédanse entre diez y quince minutos.

ESPÍRITU

No lleves la cuenta

Lectura bíblica: 1 Corintios 13

> [El amor] no hace nada indebido, no busca lo suyo, no se irrita, no guarda rencor (v. 5).

El puntaje de fútbol más alto de la historia fue 149–0. En un partido donde 20–0 se considera increíble, este resultado parece increíble.

Y lo fue.

Al parecer, un árbitro había ofendido al entrenador y a los jugadores del equipo del *Stade Olympique de l'Emyrne* durante un partido del campeonato en Madagascar. El entrenador organizó una protesta de lo más inusual. El equipo se hizo con el control del balón y empezó a puntuar ¡a favor del otro equipo! Una vez tras otra marcaron gol en su propia red. El equipo rival ni siquiera sabía qué hacer. Con los dos equipos esforzándose en marcar gol en una sola red, no había competición.

Fue una rebelión contra las autoridades, y a estas no les gustó nada. El resultado final fue que al entrenador no se le permitió ejercer su trabajo durante tres años, y dos jugadores clave fueron suspendidos por un año. El resto de los miembros del equipo fueron castigados con multas y advertencias. De haber sabido cuál sería el precio, quizás no habrían subido la puntuación como lo hicieron.

Llevar la cuenta en el deporte es una forma divertida y justa de jugar un partido, pero el enojo y el resentimiento en el corazón de los jugadores anularon la competición. Y la diversión.

Dios nos pide a ti y a mí que no llevemos la cuenta en las relaciones de la vida real. En 1 Corintios 13:5 leemos que si de verdad amamos a alguien, nunca seremos rencorosos.

Corrie ten Boom nos proporciona un ejemplo extraordinario de este tipo de amor. Estuvo encarcelada en un campo de concentración durante la Segunda Guerra Mundial, sencillamente porque su familia ayudó a los judíos. Vio cómo los soldados nazis maltrataban a las personas que ella amaba, vivió en un barracón infestado de pulgas, y casi muere de hambre. Su hermana murió en ese campo y su padre en otro similar. Cuando la guerra acabó, Corrie viajó por todo el mundo alentando a las personas que habían sobrevivido para que amaran a los demás de un modo que "no llevara la cuenta de las ofensas".

Su mensaje fue puesto a prueba una noche, cuando uno de los soldados que tanto la había maltratado apareció en uno de sus cultos en la iglesia. Después de que ella hablara, él se acercó y le dio las gracias, explicándole lo bien que se sentía al haber sido perdonado por las terribles cosas que les había hecho a las personas. Corrie se dio cuenta de que él no la reconocía, porque estaba limpia y bien alimentada. Dios le estaba pidiendo que practicara lo que predicaba. Aquel acto de perdón fue una de las cosas más difíciles que hizo jamás, y por un momento no supo si podría hacerlo. Sin embargo, el hombre extendió la mano y ella estrechó la suya como acto de amor. Lo hizo con la fuerza de Dios. No llevó la cuenta de las ofensas de aquel hombre.

Si Corrie pudo perdonar a quien ayudó a orquestar su sufrimiento y la muerte de su hermana y su padre, tú y yo podemos perdonar a quienes nos han ofendido.

Dejemos de llevar la cuenta.

¡A menos que sea en un partido *justo* de fútbol!

Charla de chicas
Mamá, comparte con tu hija una ocasión en la que te resultó muy difícil perdonar a una amiga en la escuela secundaria.

Hija, háblale a tu madre sobre alguien a quien te está costando perdonar ahora mismo.

Pídanle a Dios que las ayude a no llevar la cuenta de las ofensas.

CUERPO

Fútbol una contra otra

Agarren un balón y establezcan dos porterías. Jueguen un partido agresivo de una contra otra. ¡Lleven la cuenta, pero sean limpias en el juego! ¡Si la familia está cerca, podrían convertirlo en un partido familiar!

Objetivo de tiempo Jueguen durante veinte minutos, si es una contra otra. Si el equipo es mayor, amplíenlo a cuarenta minutos, porque contarán con más tiempo de descanso.

Reto del espíritu frente al cuerpo
Día cuatro

ESPÍRITU

Pies bien afirmados

Lectura bíblica: Efesios 6:10-20

> Pónganse toda la armadura de Dios para que puedan
> hacer frente a las artimañas del diablo (v. 11, NVI).

El tenis es el único deporte de competición con el que disfruto jugando. (Y, curiosamente, es una especie de colaboración a la vez que una competición. Mientras dos jugadores se esfuerzan juntos por mantener la pelota en juego, también procuran ponérselo difícil a la otra persona. De algún modo absurdo, ser competitivo requiere esfuerzo de equipo). Me encanta el sonido de la pelota botando sobre la pista, ¡y no hay nada como el olor de una nueva lata de pelotas Wilson amarillas fluorescentes!

Una cosa aprendí en mis clases de tenis: nunca ganarás el partido si no aprendes a posicionarte con los pies bien afirmados cuando golpeas la pelota. Muchos jugadores pasan todo su tiempo desarrollando la pegada o centrándose en su equipamiento (zapatos, raqueta, cinta del pelo, muñequeras…), pero los grandes vencedores son los que se centran en su postura. Cuando ves un buen partido en televisión, quizás no te des cuenta de que no se están moviendo todo el tiempo. La verdad es que, a menos que aprendas la postura de "preparada" y practiques plantar los pies cuando golpees la bola, jamás conseguirás que tu raquetazo tenga fuerza. ¡Oh, ese sonido "pop" de la pelota cuando el swing va con fuerza!

Dios también quiere que nuestros pies estén bien afirmados en nuestras batallas espirituales.

Efesios 6 describe la armadura espiritual de Dios que deberíamos llevar para protegernos del diablo y de sus malos planes para nosotros. Como en el tenis, no solo necesitas vestirte adecuadamente (con el cinto de verdad, la coraza de justicia, el escudo de la fe, etc.), sino que debes estar bien afirmada sobre tus pies. De hecho, el pasaje usa tres veces el término "estar firmes" para asegurarse de que entendamos realmente que por mucho temor que le podamos tener a algo, Dios nos llama a defender nuestra posición.

Cuando empecé a dar conferencias ante niñas preadolescentes y adolescentes, estaba aterrorizada. Sabía que Dios me había llamado a la batalla de proteger sus corazones y sus mentes, pero no me gustaba hablar en público. Soy bastante tímida. Pero Dios me llamó a estar firme: a ser valiente y a confiar en que Él se ocupará de los detalles. Sigo siendo un poco tímida, y a veces tengo miedo de hablar en público, pero no como antes. Al defender mi posición, soy más valiente.

¿Te asusta hacer algo que sientes que Dios te está pidiendo? ¡Mantente firme!

Charla de chicas
Mamá, comparte la historia de un tiempo en el que tuviste que defender tu posición aun estando asustada. ¿Cómo te sentiste después?

Hija, cuéntale a tu madre a qué le temes. ¿A hablar delante de otros, a presentarte a nuevas amigas o a asistir por primera vez a un grupo de jóvenes?

¡Oren juntas para que ambas aprendan a plantar los pies y estar firmes!

CUERPO

Tenis

Tomen prestadas algunas raquetas, si es preciso, pero salgan hoy a la pista de tenis. Recuerden aprender a plantar sus pies firmemente mientras esperan que la otra persona golpee la bola (a esto se le llama "posición de preparada") y cuando tú misma la golpeas. Para más instrucciones sobre esto, pueden buscar en Google: "cómo jugar al tenis". ¡Disfruten!

Objetivo de tiempo
Jueguen durante unos treinta minutos.

Reto del espíritu frente al cuerpo
Día cinco

ESPÍRITU

Dominio propio

Lectura bíblica: 1 Corintios 9:24-27

> Golpeo mi cuerpo, y lo pongo en servidumbre, no sea que habiendo sido heraldo para otros, yo mismo venga a ser eliminado. (v. 27).

En el año 2013 se celebró en China la competición "El Hombre Más Fuerte del Mundo". Los medios informativos pusieron en escena una divertida actividad con los competidores. Era la temporada de recolección de las sandías, así que llevaron a los hombres a acarrear canastas con varias piezas de fruta —una canasta en cada mano— que pesaban unos cincuenta kilos cada una. Imagínatelo: ¡una enorme canasta a cada lado de la persona con ocho sandías en cada una! Una inmensa multitud se agrupo para observar y admirar a estos fortachones.

De repente, de entre el grupo salió una pequeña mujer asiática de edad media. Comparada con aquellos tremendos culturistas parecía una niña. Sencillamente agarró dos canastas y empezó a caminar, mientras decía: "Esto no es nada. Lo hacemos todo el tiempo". A ella le resultaba fácil acarrear las canastas, porque era así como trabajaba cada día. Para ver una fotografía de esta mujer, escribe en google "World's strongest men stunned by female farmer in China".

El entrenamiento de fuerza y resistencia es algo importante en el mundo atlético. Incluye cualquier ejercicio que se centre en la resistencia muscular para aumentar el control y la fuerza. Entre los ejemplos están el levantamiento de pesas, Pilates o breves ejercicios de calistenia (como flexiones y sentadillas). Algunos piensan que no es tan divertido, porque no es algo activo ni competitivo, pero yo disfruto mucho del enfoque tranquilo que ofrece el ejercicio de Pilates. Puede que tú también. Sin embargo, la verdadera razón por la que la mayoría de las personas lo hacen es porque fortalece a los músculos y te protege de lesiones cuando haces otros tipos de ejercicio. Te capacita para competir con mayor éxito en juegos de pelota o carreras de velocidad, como las de bicicleta o a pie.

La Palabra de Dios nos instruye para que seamos como atletas que practican el autocontrol y la disciplina. El apóstol Pablo escribió: "Disciplino mi cuerpo como lo hace un atleta, lo entreno para que haga lo que debe hacer. De lo contrario, temo que, después de predicarles a otros, yo mismo quede descalificado" (NTV). La disciplina requiere hacer cosas que no nos gusta o que no preferimos. Sin embargo, llevándolas a cabo desarrollamos la libertad de correr la carrera de nuestra fe con mayor eficacia. ¿Qué ejemplos tenemos de esto?

Bueno, no me gusta mucho memorizar versículos bíblicos, pero es parecido a entrenar la fuerza. Estoy desarrollando algo que necesitaré y usaré en el juego real de la fe. Por eso los aprendo de memoria. Hace poco le he estado pidiendo a Dios que me hiciera más fiel y eficiente en esto; es un trabajo realmente difícil para mi cerebro.

¿Qué te cuesta hacer a ti?

Hazlo para que seas una disciplinada seguidora de Cristo.

Charla de chicas
Mamá, dile a tu hija lo que te resulta difícil en términos de entrenarte para ser espiritualmente fuerte.

Hija, coméntale lo mismo a tu madre.

Comprométanse a alentarse la una a la otra en estas cosas. Y oren pidiéndole también a Dios su estímulo.

CUERPO

Entrenamiento de fuerza

Hoy me gustaría que intentaran un poco de entrenamiento para aumentar la fuerza. Pueden buscar en Google: "ejercicio de

Pilates online", para encontrar algunos videos que las guíen en uno de estos ejercicios, acompaña a mamá al gimnasio para hacer un poco de pesas (asegúrate de contar con la ayuda necesaria para hacerlo de un modo seguro y correcto), ¡o vayan al patio trasero y hagan unas cuantas flexiones y sentadillas! Disciplinen su cuerpo para que pueda competir en otros juegos.

Objetivo de tiempo Entrena durante 10 a 20 minutos.

Y la novia se vistió de blanco

Siete secretos para lograr la pureza sexual

DANNAH GRESH

Con más de 100.000 ejemplares vendidos en inglés, esta edición actualizada está ahora disponible en español. Este libro revela las mentiras de nuestra cultura acerca del sexo y prepara a las jóvenes para las presiones del mundo. Esta edición especial incluye decenas de historias y testimonios personales, todos narrados con humor y perspicacia que inspiran.

EDITORIAL
PORTAVOZ

NUESTRA VISIÓN

Maximizar el efecto de recursos cristianos de calidad que transforman vidas.

NUESTRA MISIÓN

Desarrollar y distribuir productos de calidad —con integridad y excelencia—, desde una perspectiva bíblica y confiable, que animen a las personas a conocer y servir a Jesucristo.

NUESTROS VALORES

Nuestros valores se encuentran fundamentados en la Biblia, fuente de toda verdad para hoy y para siempre. Nosotros ponemos en práctica estas verdades bíblicas como fundamento para las decisiones, normas y productos de nuestra compañía.

Valoramos la excelencia y la calidad
Valoramos la integridad y la confianza
Valoramos el mérito y la dignidad de los individuos y las relaciones
Valoramos el servicio
Valoramos la administración de los recursos

Para más información acerca de nuestra editorial y los productos que publicamos visite nuestra página en la red: www.portavoz.com